CONSCIENTE, INCONSCIENTE E MEMÓRIA

Blucher

CONSCIENTE, INCONSCIENTE E MEMÓRIA

Cinco ensaios entre a psicanálise e a neurociência

Antonio Imbasciati

Tradução
Diego Felipe Scalada

Revisão técnica da tradução
Leopoldo Fulgencio

Consciente, inconsciente e memória: cinco ensaios entre a psicanálise e a neurociência
Título original: Coscienza, inconscio, memoria

Publisher Edgard Blücher
Editor Eduardo Blücher
Coordenador editorial Rafael Fulanetti
Coordenação de produção Andressa Lira
Produção editorial Kedma Marques
Tradução Diego Felipe Scalada
Revisão técnica da tradução Leopoldo Fulgencio
Preparação de texto Sabrina Inserra
Diagramação Erick Genaro
Revisão de texto Samira Panini
Capa Laércio Flenic
Imagem da capa iStockphoto

Blucher

Rua Pedroso Alvarenga, 1245, 4º andar
04531-934 – São Paulo – SP – Brasil
Tel.: 55 11 3078-5366
contato@blucher.com.br
www.blucher.com.br

Segundo o Novo Acordo Ortográfico, conforme 6. ed. do *Vocabulário Ortográfico da Língua Portuguesa*, Academia Brasileira de Letras, julho de 2021.

Dados Internacionais de Catalogação na Publicação (CIP)
Angélica Ilacqua CRB-8/7057

Consciente, inconsciente e memória : cinco ensaios entre a psicanálise e as neurociências / Antonio Imbasciati ; tradução de Diego Felipe Scalada. -- São Paulo : Blucher, 2024.
162 p.

Bibliografia
ISBN 978-85-212-2274-3
Título original: Coscienza, inconscio, memoria

1. Psicanálise 2. Neurociências I. Título II. Scalada, Diego Felipe

24-4972 CDD 150.195

Índices para catálogo sistemático:
1. Psicanálise

Apresentação

Os ensaios que compõem este conciso livro[1] – creio que seja meu último – foram amadurecidos durante o isolamento social em virtude da Covid-19. A despeito de minha *lockdawnitis* [*confinite*],[2] ponderei sobre uma questão que tenho formulado há cinco anos de forma um tanto quanto solta. A psicanálise descobriu o inconsciente, e, todavia, ainda o estuda, mas com o quê, senão com o consciente? Quanto passamos de fato a nos indagar a respeito desse instrumento com o qual descobrimos, observamos e estudamos aquilo que não é consciente? Ora, a própria psicanálise nos incutiu a dúvida de que "o consciente", também ele, pode ser enganoso. Portanto, qual seria esse consciente, para além das denominações com as quais, de uma forma ou de outra, o adjetivamos?

---

1 Antonio Imbasciati tem um site (www.imbasciati.it) no qual temos acesso à totalidade das referências bibliográficas e de sua produção ao longo de toda a sua vida (na qual encontramos a referência a 385 artigos e 72 livros publicados, em diversos veículos e diversas línguas), inclusive com muitas destas produções disponíveis para acesso.

2 Nota do revisor técnico (NRT): estado ou condição derivado do *lockdown*.

Essa pergunta está enraizada na minha dupla formação, experimental e psicanalítica, e pertence aos dois campos do conhecimento que sempre cultivei no intuito de integrá-los. Mas confesso que um afeto de natureza íntima me impeliu à questão. Uma inquietação ao constatar como a psicanálise, entendida em âmbito global na cultura corrente, tem assumido, ao longo de um século de desenvolvimento, muito mais a imagem de uma prática profissional meramente terapêutica do que a de uma ciência interessada em descobrir sobre como é nossa mente e como o consciente é capaz de estudá-la. Não pretendo explorar a miríade de distinções entre um paciente e outro, questão sobre a qual a clínica psicanalítica há décadas tem se debruçado e ainda se debate, aguçando a preparação do analista no cuidado de situações mentais das mais variadas e complexas, mas sim os princípios gerais por meio dos quais se produz o funcionamento daquilo que constatamos ocorrer na mente, com uma miríade de variações individuais: todas elas sempre exploradas por essa "consciência" do *homo sapiens*. Muitos analistas encararam a questão, mesmo recentemente, todavia permanecendo sempre sobre o plano traçado pela própria psicanálise e por seus sucessivos mestres. Fala-se de tantas "teorias" (que a meu ver parecem somente modelos), muito úteis para tratar os pacientes de forma diferenciada, com possibilidades cada vez mais aguçadas do próprio consciente, mas ainda assim engolfadas no plano mental: embora Freud tenha afirmado que a substância do psíquico reside no *soma*. Logo, para fundar uma verdadeira teoria que de fato "explique" a questão, não podemos ficar somente no plano da própria psicanálise, ciência da subjetividade humana: mas devemos olhar para o *como* e o *porquê* daquilo que se revela à mente, ou "sobre" a mente, e isto nos leva a recorrer às ciências duras, ou seja, às neurociências (um artifício do qual Freud não pôde se valer um século atrás).

Meu interesse, infelizmente tardio nesses últimos cinco anos de uma vida longeva, voltou-se ao que parece ser uma área promissora, mais especificamente denominada neuropsicanálise, responsável pelo estudo das neurociências afetivas. Busquei reapropriar-me e desenvolver meu lado não necessariamente médico, mas de pesquisador, talvez demasiadamente atormentado pelo *seeking* [*busca inquietante*][3] responsável por conduzir o gênero humano à civilização atual. Freud havia declarado nunca ter se sentido como um médico propriamente dito:[4] na onda daquele e de outros passos freudianos escrevi (estamos em 1970/71) um longo artigo[5] defendendo a oposição entre a atitude psicoterapêutica e a "cognoscitiva", consideradas num nível profundo. Não consegui, naquele artigo, perseguir o que as neurociências prometiam. É de se pensar que talvez Freud – não podendo no contexto de seu tempo vir a ser "de outro modo" – tenha deixado que se tomasse por herança apenas aquilo que era evidente naquele tempo: um espírito terapêutico, talvez excessivamente médico, de modo a ajudar as pessoas que sofriam a se curar daquilo que as "adoecia". Grandes progressos foram feitos em um século. Isso é ótimo, e seremos capazes de realizar muitos outros ainda. Contudo, tenho notado muitos colegas psicanalistas reclusos em sua formação, contínua e apaixonada, pautada em uma psicoterapia de excelência, sem, no entanto, superarem os pressupostos traçados até aqui: a subjetividade da mente que sempre se valeu do consciente.

Hoje é possível ir além, com as neurociências, com os instrumentos para complementar aquele constituído pela consciência, e verificar ainda mais este mesmo instrumento: para chegar às raízes de como a mente se desenvolve gerando dentro de si um sofrimento oculto (num número cada vez maior de pessoas) que, no melhor dos casos, torna-se uma adversidade percebida e vivida, mas mais frequentemente uma obtusidade que redunda em sofrimento social. De muitos colegas ouvi a seguinte frase: "mas de que me servem as

---

3 NRT. Inseri esta expressão para manter o sentido do que Imbasciati está afirmando.

4 Freud, 1927, *Post-Scriptum* aos conselhos para os médicos, 1926.

5 Cf. www.imbasciati.it .

neurociências?" E um tanto quanto resignados: "já tenho a psicanálise! O resto pouco importa".

Sabemos que nenhum cérebro é igual a outro. Isso apenas dificulta o trabalho do psicanalista e requer um trabalho para a vida toda. Mas se soubéssemos mais sobre o porquê e sobre como este cérebro produz uma mente, talvez poderíamos inclusive prevenir o desenvolvimento do sofrimento não apenas nos indivíduos, mas em sua evolução na coletividade da espécie humana, naquilo que hoje chamamos de civilização.

Já tenho muitos anos e não disponho de tempo suficiente para conseguir estudar isso e tantas outras coisas. Estou limitado ao que pude saber e ao que posso aprender sobre a memória.

Portanto, deixo estes cinco ensaios de minha autoria à disposição de todos aqueles que pretendam ir além.

9 de maio de 2022

Nota do revisor técnico

Ocupei-me de revisar o texto final do livro de Imbasciati procurando deixá-lo mais acessível ao leitor, sem perder o rigor de sua proposta e sem trair as palavras de meu amigo (tarefa, bem sei, nem sempre bem-sucedida), bem como dos cuidados com a produção da capa e os textos que a acompanham, visando bem emoldurar um conteúdo tão rico.

Estes cinco ensaios, escritos com a sabedoria dos que já muito caminharam, muito aprenderam com a experiência e com o encontro humano, seja nas práticas de pesquisa ou nas práticas clínicas, compõem, de forma dialética, a história da psicanálise com a das neurociências, visando o desenvolvimento das práticas de cuidado com o ser humano, em termos dos processos psicoterápicos individuais e em termos mais amplos com a fundação, por ele e sua Escola, de uma Psicologia Clínica Perinatal.

Sua proposta advém de uma necessidade de quem usa a ciência para resolver problemas, simples no seu propósito epistemológico, complexa e difícil, na sua execução: atualizar a teoria e a prática psicanalítica para além dos limites que nosso instrumento básico de pesquisa (a consciência) e, para isto, contar com os significativos avanços que as neurociências fizeram no século XX e início do XXI. O que, como, porque e quais as dificuldades e consequências disto, o leitor encontrará expostos no livro.

Tenho a alegria e a honra de ser seu amigo e dialogar com ele nos últimos 20 anos. Curiosamente, nunca nos encontramos pessoalmente, mas trocamos muitas cartas e sempre enviávamos um ao outro, nossas produções, especialmente nossos livros. Além de nossos textos, estabelecemos entre nós um tipo de terapêutica musical, nos enviando músicas que animam a existência. Nós já havíamos editado um livro *A bruxa metapsicologia e seus destinos* em 2018, e ele já tinha dois livros traduzidos para o português *Afeto e representação*, 1991/1998; *Nascimento e construção da mente*, 1998/2003. Em 2020, propus que publicássemos mais um de seus livros para o português e ele avaliou que seu *Consciente, inconsciente, memória*, recém-publicado, seria o mais a seu gosto e avaliação. O grande problema a ser resolvido, que Imbasciati reconhece como um *telos* para a pesquisa e o desenvolvimento da compreensão do ser humano nas suas relações com os outros, é o enigmático modo de constituição, produção e funcionamento do corpo-cérebro-mente, no qual a memória e os afetos têm um lugar central, tanto para o entendimento quanto para a ação no que se trata dos cuidados psicoterápicos.

Com estes cinco ensaios, comungando psicanálise e neurociências, recebemos instrumentos para ir mais longe do que ele foi, respeitando a tradição e o que foi produzido nos dois campos, desfazendo preconceitos, eliminando erros, e fazendo avançar a explicação e a possibilidade de ação sobre a realidade dos fenômenos humanos.

Temos a sorte e benção, uma vez ou outra, de encontrar homens que admiramos e podemos tomar como modelos, seja porque nos encontramos pessoalmente com eles, seja porque temos acesso ao que escreveram e nos deixaram, a sua obra. Imbasciati é um destes homens cujo trabalho e honestidade construiu sabedoria, cuja obra nos leva a articular inteligência, trabalho, preocupação social e paciência para realizar um trabalho laborioso e cuidadoso, tendo como princípio a compreensão de que o ser humano é afeto conduzindo a existência, expressa num *bodybrainmind*.

Nesse momento, lembro-me do verso de Fernando Pessoa:

A alma é divina e a obra é imperfeita.
Este padrão sinala ao vento e aos céus
Que, da obra ousada, é minha a parte feita:
O por-fazer é só com Deus. (Pessoa, 1934)

Antes disso, no entanto, temos nós ainda, muito a fazer, apoiados já num alto patamar construído por Imbasciati. Se pudesse encontrá-lo hoje, diria:

Grazie per il sapere accumulato che ci hai lasciato.
Grazie per la tua generosità intelligente e affettuosa.
Il mondo è diventato migliore con la tua esistenza.

Leopoldo Fulgencio[1]
São Paulo, agosto de 2024

Referências

Fulgencio, L., Simanke, R., Imbasciati, A., & Girard, M. (Eds.) (2018). A bruxa metapsicologia e seus destinos. Blucher.

Imbasciati, A. (1998). Afeto e representação. Editora 34.

Imbasciati, A. (2003). Nascimento e construção da mente. Climepsi.

Pessoa, F. (1934). Padrão. In Mensagem. Ática.

1 Leopoldo Fulgencio, professor associado (Livre-Docente) do Instituto de Psicologia da Universidade de São Paulo (USP). ORCID: https://orcid.org/0000-0001-5730-7626.

Conteúdo

1. A unidade corpo-cérebro-mente: psicossomática ou *bodybrainmind*?

Mente e cérebro

Nas últimas décadas, as neurociências têm revelado como a mente se desenvolve e qual a relação estabelecida entre a "mente" e o cérebro desde o seu aparecimento no ser humano. Isso levou não apenas ao estudo dos recém-nascidos e seu primeiro desenvolvimento psíquico, mas também à vida fetal e, ainda, a seus pais. O ponto fulcral do que será aqui exposto incide sobre como a estrutura mental, ou melhor, a estrutura neuromental de um casal que gera um filho pode condicionar o desenvolvimento do cérebro do futuro ser humano, ou ainda, a estrutura neuromental de base (neonatal) que regerá seu desenvolvimento quando adulto. Eis a Psicologia Clínica Perinatal, como definida e estudada pela minha Escola em Bréscia nos últimos vinte anos.[1] O estudo da perinatalidade de um futuro indivíduo humano

---

1 Cf. Cena & Imbasciati, 2010, 2014, 2015a, 2015b; Cena, Imbasciati & Baldoni, 2010, 2012; Imbasciati & Cena, 2017, 2018 e 2020; Imbasciati, Dabrassi & Cena, 2007, 2011.

apresenta-se como uma chave para compreender como a mente e o cérebro se desenvolvem e, portanto, qual seria a sua correlação: ou melhor, hoje sabemos como o cérebro torna-se gradualmente capaz de exercer todas as funções que se manifestam e podem ser observadas no desenvolvimento de uma criança, o que hoje conhecemos sob a denominação de "mente". Este último termo abrange, de acordo com o halo semântico da palavra inglesa *mind*, tudo o que nossa cultura conhece por afetividade, caráter, temperamento etc. O preâmbulo ora proposto é indispensável para compreender como podemos enquadrar e desenvolver o que tem sido denominado de "psicossomática".

O cérebro não se desenvolve naturalmente, ou seja, a partir do genoma do *homo sapiens*, à exceção de alguns circuitos neurais (tronco-encefálico) comuns a todos os vertebrados: somente a macromorfologia do cérebro humano é ditada pelo genoma; mas a micromorfologia e a fisiologia, ou seja, sua funcionalidade, são construídas pelo percurso experiencial de cada indivíduo. Este processo se inicia já no período fetal. Tal construção consiste na formação de ligações sinápticas, isto é, redes neurais resultantes da biologia molecular desencadeada pelas vias aferentes que, por sua vez, provêm dos sistemas sensoriais que estão sendo formados no corpo. Obviamente, as redes neurais são diferentes de indivíduo para indivíduo, variando de acordo com os contatos ambientais e interpessoais experimentados por cada pessoa. É a estrutura sináptica das redes neurais formadas pela experiência de cada indivíduo que determina a funcionalidade característica do cérebro de cada pessoa: "nós somos as nossas sinapses" (LeDoux, 2002); "eu sou o meu conectoma" (Seung, 2012). Portanto, o cérebro e seu funcionamento são rigorosamente individuais, não apenas porque cada indivíduo tem uma experiência distinta, mas também porque em seus primórdios, o cérebro de cada indivíduo recebe e elabora a seu modo a mesma experiência. Portanto, absolutamente ninguém tem o cérebro idêntico ao do outro(Ansermet & Magistretti, 2004 e 2010) Essa construção das redes neurais individuais não ocorre de forma automática e passiva, igual para todos, mas por meio da mediação e da modulação das progressivas interações com os próprios pares adultos, que estarão invariavelmente mais ou menos presentes nos cuidados de uma criança. Eles são obviamente diferentes para cada criança, de acordo com suas distintas modalidades de cuidado e de relacionamento: isso aumenta a variação com a qual cada cérebro se constrói.

O corpo fetal paulatinamente se desenvolve segundo o desenho genético de nossa espécie, e nesse corpo em desenvolvimento surgem aparatos sensoriais, desde os mais simples, como os bioquímicos e humorais, passando por alguns mais específicos, dotados de determinadas variações físicas (por exemplo, térmicas, sensitivas, táteis), até os mais complexos (retina, cóclea). Todos esses sensores enviam informações ao sistema nervoso ainda em formação. No feto, e, depois, no recém-nascido e lactente, as informações provêm da gestante e, posteriormente, dos cuidadores. Informação não significa percepção. O cérebro não é um gravador audiovisual que reproduz a realidade: o que um indivíduo (adulto) percebe (assim como qualquer outro e mais complexo processo de sua mente) é fruto de um aprendizado do cérebro ao organizar as referidas informações – aferências –, de modo que o próprio cérebro, de forma adaptativa, possa reconhecer, e, consequentemente, aprender a ajustar todo o corpo ao ambiente que "de algum modo" vem a ser "percebido". Deve-se ter em mente que o "aprendizado do cérebro" não corresponde àquilo que comumente significa um aprendizado da pessoa: são dois planos diferentes, um neurológico e outro mental, sob nenhuma hipótese equivalentes. O aprendizado do cérebro consiste na formação, proliferação e alteração das redes neurais: não concerne a nenhuma representação da realidade como percebida pela mente da pessoa adulta, com sua respectiva consciência, tampouco pela criança. O cérebro não é um acervo de filmes. O que se aprende é aquilo que um cérebro elaborou a partir dos aprendizados vivenciados pela pessoa.

Cada informação chega sob a forma de correntes bioelétricas oriundas dos aparelhos sensoriais, externos e internos ao corpo, ou diretamente pela via bioquímica. São estas aferências que, seja no âmbito das partes periféricas do sistema nervoso, seja de maneira mais complexa, no âmbito cerebral, produzem sinapses e novas redes neurais. As primeiras redes constituem uma capacidade primordial de elaboração/codificação daquilo que posteriormente sobrevirá a cada indivíduo. Portanto, cada informação que eventualmente chegar ao cérebro não será registrada como tal, mas da maneira com que o cérebro, em seu momento de funcionalidade, for capaz de elaborar e codificar: ou seja, qualquer efeito de modificação das redes neurais ensejará uma mutação, mais frequentemente um aumento das capacidades funcionais que, por sua vez, condicionará o modo pelo qual a informação subsequente será elaborada e transformada. Eis o chamado "efeito cascata" (Imbasciati & Cena, 2018), responsável por multiplicar as diferenciações entre um indivíduo e outro: a mesma experiência, considerada em sua configuração real externa, produz efeitos neurais diversos, a depender da forma com que o cérebro de determinado indivíduo, naquele momento preciso de sua funcionalidade, a organiza.

Tudo isso se passa no cérebro e é substancialmente distinto do que se passa na mente, no âmbito da subjetividade do indivíduo, que poderá perceber tais informações à medida que sua capacidade de consciência se desenvolve. O plano mental, ou seja, tudo aquilo que uma pessoa pode sentir, é algo completamente diferente daquilo que se passa no cérebro, mas, todavia, é o efeito dele: o efeito da funcionalidade de um cérebro na mente de uma pessoa; tanto o que ela pode sentir quanto aquilo que sua mente retém sem que o consciente o acompanhe.[2] O fato de cada experiência produzir redes neurais que modificam as redes subsequentes – efeito cascata – pode significar também um efeito sobre o todo e, portanto, interessar também às conexões pretéritas, sem que

2 Não é tarefa fácil em nossa cultura assimilar todas essas distinções supramencionadas.

o sujeito se dê conta disso. Portanto, convém distinguir a memória e as alterações engendradas em suas redes neurais daquilo que o sujeito pode perceber e que, eventualmente, recorde.

Nessa processualidade, as aferências serão selecionadas, compiladas, discriminadas e organizadas de modo que, nesta organização, os conjuntos de memória, ou seja, de redes neurais, estabeleçam, cada uma delas, uma relação com um significado que possa ser posteriormente reconhecido de modo a vir a ser – nas sucessivas experiências – mental: isso se manifesta no comportamento sob feições gradualmente adaptativas, e/ou na subjetividade de uma pessoa, como reconhecimento de "algo". Esse processo pode ser mais facilmente compreendido se levarmos em consideração os eventos mentais elementares, como a percepção, começando por aquela de objetos simples, a partir da forma com que tais eventos se produzem e se manifestam no recém-nascido.

Aprender a perceber[3]

A percepção não é um processo automático, de "maturação", tampouco um advento inato: o cérebro deve aprender a perceber. Isso

3 NRT. A tradução de "*Imparare*" e "*Percepire*" não é tarefa simples, dado que Imbasciati está se referindo a processos do desenvolvimento do cérebro e do pensamento que realizam processos, dinâmicas, diferentes na relação com o mundo, com os estímulos etc. Tanto em italiano como em português, temos os termos: "Perceber – *Percepire*" (cujo sentido é o de captar algo pelos órgãos dos sentidos); "Apercepção – *Appercezione*" (referindo-se à percepção acompanhada de consciência, em que a percepção é ativamente reconhecida e refletida pelo sujeito; "Aperceber-se – *Avvedersi*" (cujo sentido, que deve também considerar a "apercepção" é o de dar-se conta, perceber algo com mais atenção e clareza, ainda que não seja aqui claro se há, nestes casos, pode-se ter certeza de que temos a percepção com consciência de si mesma); "*Apreender – Comprendere*" (cujo sentido é captar algo intelectualmente, entender ou assimilar uma ideia); "Aprender – *Imparare*" (cujo sentido é adquirir conhecimento ou habilidade intermédio de estudo, prática ou experiência). No texto de Imbasciati temos o uso de "*Imparare*" e "*Percepire*", no entanto, sua análise acaba por referir-se a todos estes processos sutis descritos acima por estes diferentes

também vale para os animais, visto que cada espécie aprende a seu modo: um coelho não percebe como um cachorro, e este como um macaco, tampouco o orangotango tem a mesma percepção de um homem; e isso não é apenas um produto da morfologia cerebral de determinada espécie, mas sim do fato de que cada espécie está condicionada a aprendizados específicos, proporcionados tanto pelo ambiente quanto por seus pares. Esta última fonte de aprendizagem, embora presente nos animais, a começar pelos pássaros, aumenta conforme a escala zoológica e atinge seu ápice ao determinar a singularidade do funcionamento no próprio ser humano.

O cérebro deve aprender a compilar as aferências sensoriais, começando pelas introceptivas, táteis, vasopressoras, proprioceptivas, auditivas, vestibulares, em grupos aos quais seja possível atribuir e, portanto, reconhecer algum significado. Na criança, as aferências não são compiladas de modo a formar automaticamente as percepções vivenciadas por um adulto; antes é necessário que elas sejam identificadas como significativas de algo que é confirmado – reconhecido – pelas experiências sucessivas. Por ora, estamos no plano mental, ou seja, restritos ao que ocorre na subjetividade ou, ainda, na pessoa em formação – nesse caso, a criança. A experiência do cérebro produz efeitos de experiência no âmbito mental. Posteriormente, o âmbito mental, constituído por uma percepção, poderá dar origem a novas experiências cerebrais. Todo o processo de formação da percepção e cada uma das demais formações de eventos mentais são sempre modulados por um diálogo constituído pelas informações concorrentes, com o adulto em contato com o bebê. Há aqui um processo gradual

termos. Isto foi levado em conta na escolha dos termos adequados para traduzir os termos usados por Imbasciati. Mantendo-nos, evidentemente, fiéis aos usos dos termos escritos por Imbasciati (em geral, "*Imparare*" e "*Percepire*"). Cabe notar que Imbasciati não usa "Apercepção – *Appercezione*", ainda que o processo de apercepção seja comentado na sua análise. Talvez este seja um ponto (a compreensão e distinção dos fenômenos designados por estes termos) a ser desenvolvido.

– do feto ao recém-nascido – cada vez mais intenso e decisivo nos seis primeiros meses de vida da criança, e o "significado" que um bebê pode atribuir a um grupo de significantes aferenciais ainda está bem longe daquilo que, posteriormente, essa mesma criança de três ou quatro anos poderá perceber. A percepção, como os adultos a experimentam, deve ser gradualmente aprendida (Imbasciati, 1998). Um feto não percebe como um recém-nascido, mas um recém-nascido também não percebe como perceberá um bebê com três ou quatro meses, ou com um ano; tampouco o que uma criança percebe aos três anos será o mesmo, perante o mesmo objeto, quando esse indivíduo chegar à vida adulta.

São incisivas, na perinatalidade e na primeira infância, as aferências das variações neuroendócrinas (nível ideal de estresse para que ocorra a aprendizagem nos animais), e, também, as intracorpóreas, que são mescladas e integradas àquelas da incipiente percepção do exterior e, em especial, a tudo que provém do cuidado da pessoa que se ocupa da criança. Além dessas, há também as aferências responsáveis por regular, de forma recíproca, as variações neuroendócrinas. Estes grupos de aferências são elaborados de modo a constituir os protoafetos, cuja evidência se traduz quando a criança, já um pouco maior, torna-se capaz de "ouvir" (nos primórdios de alguma consciência), e, em seguida, identificar as palavras: eis os afetos. Tudo isso irá constituir a memória de como o cérebro aprende a estruturar os afetos.

A capacidade de perceber é, portanto, aprendida e demasiadamente complexa. A título de exemplo, pensemos na visão: logo após o nascimento, nossa retina é excitável, e essa excitação progressivamente poderá interessar as vias óticas, o tálamo e demais áreas, todavia o recém-nascido ainda "não vê". É imprescindível que essas redes neurais específicas se formem em diversas zonas cerebrais e, por fim, em seu córtex calcarino. Tudo isso ocorrerá por meio da experiência, tanto mais se um adulto ajudar a reconhecer aquilo que de algum modo a criança consegue organizar a partir das aferências recebidas. Trata-se de um processo gradual ao longo dos primeiros dois, três anos de vida, engendrado a partir das progressivas aprendizagens. Não há uma razão pela qual as diversas aferências – meras correntes bioelétricas –, que simultaneamente afluem ao cérebro oriundas de diversas fontes sensoriais, cheguem até lá tão somente por automatismo ou por "maturação", compiladas de tal modo a configurar um determinado objeto que de alguma forma seja "percebido"; há apenas o princípio da adaptação característica de cada forma de vida. A título de ilustração, poderíamos ter, inicialmente, uma mescla desordenada de aferências oriundas dos diversos aparelhos receptores (recepção, não percepção), de modo a conformar um conjunto de aferências cocleares fundidas com aferências introceptivas cujo resultado perceptivo sejam "sons que dão dor de barriga"; ou aferências visuais que, misturadas à propriocepção, sejam associadas ao tato. Daí resultam (a exemplo das sinestesias obtidas em laboratório) percepções absurdas para um adulto.[4] Tudo isso faz com que tais percepções não sejam suscetíveis à recordação.

Não obstante, tampouco um adulto percebe aquilo a que chamamos realidade de maneira idêntica à de outro adulto: o que chamamos de percepção adequada à realidade é o que se constata em um indivíduo bastante adulto (por exemplo, um menino de dez anos) que se comporta de forma "inteligente" (adequada às interações que se apresentam oportunas ou inclusive desejadas) em um ambiente que lhe proporciona informações sensoriais; que ele está em condições de elaborar a fim de gerar uma percepção que nós julgamos realista. Contudo, jamais será possível saber se o que um sujeito "vê", por exemplo, um quadrado verde, seja de fato verde e quadrado como o percebe um outro menino ou adulto. Falamos de realidade, ou de percepção realista, quando e enquanto dois ou mais sujeitos demonstram comportamentos interativos análogos com os objetos que dizem

---

4 Picasso dizia que pretendia pintar o mundo como ele pensava que um recém-nascido o percebia.

perceber. A subjetividade, mesmo em seu nível mais elementar, como a visão de um simples objeto, é insondável de um ser humano a outro. Vejamos aqui um dos nexos mais elementares entre mente e cérebro: a primeira sempre desempenha determinada função do segundo, que o aprendeu [*che l'ha imparata*]; e este, quando necessário, "faz a mente atuar" no indivíduo. Este último aspecto – vez ou outra – implica uma memória complexa de tudo que foi aprendido [*imparato*] pelo cérebro: da percepção a um comportamento mais ou menos simples, ou a uma capacidade motora mais complexa (caminhar, pegar, manipular), até a capacidade de agrupar imagens e, posteriormente, os conceitos adquiridos, resultando em um ainda incipiente "raciocínio".

Pouco sabemos sobre o que acontece no cérebro, mas menos ainda sobre como ele se transmuta, do plano objetivo, bioquímico, a um estado subjetivo: de um sujeito que percebe, e que depois "raciocina", ou melhor, se comporta de maneira "inteligente"; aprende lentamente "como fazer", por meio de modalidades que manifestam uma organização progressiva (aprendida) daquilo que chega a seu cérebro e que este o organizou (= aprendido) para usá-lo; na melhor das hipóteses, em virtude de um princípio geral de adaptação. Para os vertebrados,[5] o primeiro resultado diz respeito à percepção. A "informação" contínua que chega dos sentidos do corpo – tanto da parte externa quanto do interior desse mesmo corpo – significa recepção por parte do cérebro, mas não a ponto de originar a percepção: é necessário que intervenha também a capacidade daquela gradual organização que o cérebro aprende a fim de gerar, em redes neurais cada vez mais complexas, algo que seja capaz de produzir comportamentos que indicam como o sujeito reconhece – ou recorda – alguma coisa; e mobilize suas diversas competências em um progressivo castelo de conexões que, a partir de comportamentos muito simples, tornam-se cada vez

5 Obviamente, cada espécie de vertebrado aprenderá a "sua" percepção, proporcionada pelos sensores e pelo cérebro, específicos do programa genético da própria espécie.

mais complexos, passando a integrar sua capacidade "mental"; tudo isso até a internalização, na mente, de todas as conexões, produzindo o que denominamos como capacidade de "raciocinar".

De modo análogo, adquire-se também a possibilidade de "sentir". As emoções não são senão o efeito da funcionalidade de processos biomoleculares em redes sinápticas do cérebro: o adulto é capaz de sentir em sua subjetividade algo que conhecemos por sentimento, afeto ou, quando sentido intensamente em sua subjetividade, sentir-se-á emocionado. Contudo, não é possível asseverar que o sujeito necessariamente sinta transcorrer dentro de si aquilo que ocorre em seu cérebro. Muitas vezes ele não o sente: uns são alexitímicos;[6] outros menos, alguns outros mais; para as emoções, somos todos um pouco de tudo. O estado emocional reside no cérebro: por vezes podemos senti-lo nebulosamente, às vezes como humor e outras vezes de forma clarividente, a ponto de distingui-lo. A possibilidade de senti-lo, assim como a situação que o suscita, dependerão da capacidade dos indivíduos que – alguns mais, alguns menos, outros jamais – aprenderam a sentir os próprios sentimentos. Caso contrário, eles são e permanecerão inconscientes, sendo constatados apenas pelos parâmetros biológicos do corpo.

Como o recém-nascido aprende: o cérebro é "a memória"

Voltando ao feto/recém-nascido, o que um feto entende de tudo que lhe advém (informações) de seus diversos sensores? Ao cérebro chegam aferências táteis, pressóricas, proprioceptivas, olfato-gustativas, sonoras, térmicas e todas aquelas oriundas dos receptores internos

6 NRT. Alexitimia é uma dificuldade em identificar emoções: indivíduos com alexitimia frequentemente têm problemas para reconhecer e diferenciar suas próprias emoções e sentimentos. Podem ter dificuldade em distinguir entre diferentes tipos de emoções (como tristeza e raiva) ou entre emoções e sensações físicas.

(vísceras, sangue, cardiorrespiração,[7] variações endócrinas): quanto e o quê de tal recepção se torna uma percepção, a ponto de estabelecer uma interação, ou seja, a ponto de "ser entendido"? As gestantes sabem que podem "conversar" com o próprio bebê ainda na placenta, ajustando, por exemplo, como mover-se, intuindo entender algo que esse bebê "pede": sinais do bebê e contrassinais da mãe, pergunta e resposta. Isso atesta a existência de um estágio primordial de "percepção" que permite reconhecer-entender e, de algum modo, dialogar. Quanto se entende? Amiúde a mãe envia ao bebê conjuntos recebíveis (sobretudo táteis, pressóricos e sonoros) inconscientemente, e o bebê parece responder. Diálogo sem palavras, embora algumas mães efetivamente "falem" com o próprio bebê quando ainda estão na barriga e logo após dar à luz. O que vale, porém, é o som, não as palavras, e um algo mais que a mãe "emana", com algum outro tipo de sensorialidade – ou que inclusive comunica –, quiçá por meio dos humores. Trata-se de uma mensagem "afetiva", uma mensagem que "cavalga"[8] sensorialidades específicas.[9] Caso contrário, a fala, sobretudo quando meramente deliberada, torna-se uma invasão desorganizante.

Eis a mediação/modulação da relação criança/cuidador, que age com maior evidência no recém-nascido e, posteriormente, nos "primeiros mil dias de vida" (Imbasciati & Cena, 2018), a fim de determinar a qualidade de cada aprendizagem sucessiva. De fato, não se pode

7 A este respeito, além dos efeitos de um enquadramento da chamada psicossomática, sublinho a enorme variedade de aferências provenientes da composição do sangue, em primeiro lugar das bioquímicas, em sua repercussão no metabolismo de todos os tecidos, bem como na transcrição genética, em grande parte ainda desconhecida. Trata-se de um sistema informacional ainda em estudo, que não obstante deve exercer uma elaboração neural no sistema nervoso, sobretudo periférico e, num segundo momento, na região central.

8 Imbasciati, 2015, 2017 e 2018.

9 Nos remetemos à figura da página 21 do livro *Psicologia clinica perinatale per gli operatori sanitari e psicosociali*. Vol. I, Neonato e radici della salute mentale (Cena & Imbasciati, 2015a).

dizer que uma criança aprende aquilo que um adulto pensa que ela deva aprender a partir daquilo que ele-genitor lhe oferece, tampouco daquilo que ele gostaria que aprendesse – ou do que pretende ensinar. Uma criança sempre aprende,[10] mas infelizmente – e frequentemente – aprende mal. É sobretudo nos primeiros meses após o nascimento que a criança deve aprender a aprender com o genitor que se interpõe como interlocutor. Quanto à percepção, não devemos pensar somente em situações elementares, como por exemplo ver um chocalho ou distinguir um quadrado de um triângulo, mas antes aprender a distinguir o que de afetivo a mãe "emana", na maioria das vezes sem sabê-lo e, invariavelmente, sem querê-lo. O conjunto de sinais (sonoros, olfativos, proprioceptivos), cada um dos quais por si só não diz absolutamente nada, convém à criança a fim de aprender a partir dessas situações (pensemos no jogo dos olhares e, principalmente, na configuração da musculatura mímica ou na dilatação das pupilas) que lhe dizem algo, qualquer coisa semelhante ao que ele buscava (*seeking*: Panksepp, 1999): "afeto", por assim dizer.

Convém elucidar que "afeto" não significa aquilo que se entende na linguagem corrente, referindo-se comumente ao que denominamos como amor: afeto pode significar proteção, abandono, perigo, recusa, ódio ou qualquer outro sentimento. A criança deve aprender os afetos e saber discriminá-los. Os adultos lhe "ensinam" tanto mais e melhor quanto mais conseguem ensejar uma sintonia de diálogo não verbal, de forma a fazer com que a criança reconheça os próprios

---

10 Assim como em todos os mamíferos, opera no homem o sistema motivacional inato, descrito por Panksepp (1999) como *seeking*: o animal tem necessidade de "buscar", selecionar e discernir, encontrar aquilo que lhe pode ser útil. A peculiaridade do *homo sapiens* reside no fato de que, sobre essa base inata, constrói-se uma imensidão de redes neurais (aprendizagens), de modo tal que elas levam à sua necessidade tipicamente humana de conhecer, e, inclusive, de animar o complexo desejo de uma vocação à investigação científica: na criança, desenvolve-se a curiosidade, curiosidade de, por si só, saber e saber bem. Vislumbramos na criança seus primórdios: se chora, é porque ninguém sabe satisfazê-la, ensinando-lhe o que fazer para aprender.

estados afetivos, bem como aqueles de seu *cuidador* a partir do que o corpo dele emite. Pelo corpo, no contato corporal com a mente do outro, a mente na criança se desenvolve: a própria estrutura afetiva é assim aprendida e memorizada. Obviamente, "memória" é algo muito distinto de "recordação". Muito frequentemente, inclusive em ambientes acadêmicos, confunde-se memória com recordação e isso invariavelmente dá lugar não apenas a equívocos, mas à impossibilidade de entender claramente a conexão entre o cérebro e a mente.

Assim o cérebro da criança aprende a aprender e, se essa última aprendizagem for adequada, aprenderá a aprender progressivamente da melhor forma possível ao seu desenvolvimento psíquico. Uma aprendizagem, boa ou má, funcional ou disfuncional, ocorre sempre que ao cérebro, a cada situação experiencial da vida do indivíduo, chegam as mais diversas aferências; e então o cérebro as processa, produzindo redes neurais novas – ou alterando as anteriores (não necessariamente para melhor). Se o aprender a aprender não for adequado, os sucessivos aprendizados não poderão, certamente, ser melhores: terá, nesse caso, "aprendido mal". As redes são depositárias[11] mnemônicas de comportamentos ou demais processos neuromentais que podem ou não ser adequados à sobrevivência e a um desenvolvimento positivo. Uma aprendizagem eficaz, independentemente de ser boa ou má, depende da presença de um diálogo interpessoal: se ele é sintônico, significa que o *cuidador*, além de estar disponível à criança e "com" a criança, é capaz de decodificar as mensagens dela e, consequentemente, responder com mensagens congruentes que sejam decodificáveis às capacidades da criança naquele momento, de modo a satisfazer aquilo que a criança está pedindo.

---

11 O termo não deve ser entendido em um sentido estático. A acepção é sempre mutável, mas dinamicamente capaz de desempenhar sempre a sua função (mormente motora) adequada no momento certo.

Tudo isso não se obtém pelo empenho dado pelo *cuidador* e por sua "boa vontade", depende antes de suas capacidades afetivas não conscientes. Muitas mães ou *cuidadores* pretendem "falar", e, portanto, comunicar-se, mas na realidade o que fazem é "invadir" o aparelho neuromental, ainda em formação na criança, com mensagens alheias, incompreensíveis para ela e nocivas ao seu desenvolvimento saudável. A aprendizagem, portanto, é o processo pelo qual um determinado cérebro organiza aquilo que extrai das suas experiências externas e das suas experiências afetivas com aqueles com os quais se relaciona: elaborando-as segundo a própria estrutura funcional global dada num determinado momento, e como tal as memoriza, ao mesmo tempo em que se constroem redes neurais e altera-se aprendizagens preexistentes. Eis aqui o nó entre o cérebro e a mente (que é sua expressão), entre a realidade objetiva neural e seu efeito quando funciona na subjetividade. A subjetividade deve ser entendida em relação a tudo que pode ser vivido como próprio do *self*, seja de forma plenamente consciente (em raros casos), seja de forma gradualmente mais sutil nos sentimentos, nos humores, nos comportamentos, no caráter e nas condutas mais complexas.

O discurso até agora efetuado, que poderia ramificar-se infinitamente em tantos temas, é um exemplo da unidade daquilo que aos nossos olhos tradicionais parece ser uma separação entre mente e corpo. A mente nada mais é do que o funcionamento do cérebro e o cérebro aprende com o corpo: o resultado desta aprendizagem (redes neuronais) é modulado pela qualidade do contato com os outros seres humanos. É a isto que se chama atualmente *Mindbrain*.

Neste quadro, o conceito de cérebro se estende a todas as estações ganglionares conectadas às redes neurais de um indivíduo. Nesse sentido, cada indivíduo possui um equilíbrio psicossomático particular. Um grande número de investigações explora-o nos seus acontecimentos biomoleculares infinitamente complexos: físicos, corporais, do "cérebro estendido". Aqui podemos recordar como a investigação de Porges

(2011) iniciou o estudo sobre como a construção do cérebro não deriva apenas da experiência de processamento do mundo externo, modulada, como já dissemos – pela qualidade dos afetos relacionais –, mas também da percepção integrada pelas variações humorais que marcam o surgimento dos afetos, sobretudo da forma como o corpo comunica seus estados internos. Aqui é preciso que nos remetamos a toda a bioquímica do corpo. Grande parte dessas informações, ou melhor, das conexões humorais bioquímicas oriundas das vísceras (fala-se de um "cérebro intestinal"), é transmitida às estações superiores pelo nervo vago: uma via prevalentemente aferente (e não eferente, como se acreditava) e mantém o cérebro constantemente informado sobre o estado de funcionamento de muitos órgãos do corpo. Por sua vez, o cérebro, no sentido estrito, modula-o de acordo com as informações que recebe. Tudo isso se enquadra na funcionalidade que chamamos "mente". Por esse motivo, propus a utilização do termo *bodybrainmind* (Imbasciati, 2018 e 2020).

Os experimentos com animais podem ser muito úteis às pesquisas sobre o homem (Alberini, 2013), em especial para esclarecer o conceito de memória (Imbasciati, 2019). O cérebro é memória: memória de como funcionar para fazer o corpo funcionar da melhor maneira possível para sua sobrevivência, ou seja, dotado de uma mente. Esta memória não conhecida, poder-se-ia denominar inconsciente, possui uma série de funções um tanto quanto misteriosas para a ciência, que consistem na possibilidade de um estado variável de alguma consciência. É esta consciência que produz a recordação. E o homem a tem muito mais do que todos os outros mamíferos.[12]

12 Estamos habituados a considerar "a Consciência" atribuindo-a àquela máxima que poderia ser traduzida por "pensamento", ou seja, o que é passível de ser transcrito em palavras. A bem da verdade, o que podemos chamar – com mais precisão – de consciência é um *continuum* que vai do zero às eventuais percepções na subjetividade de um indivíduo, inclusive na de muitos animais: sensações vagas, humores, mal-estar e, gradualmente, sentimentos mais ou menos nebulosos ou claros, e depois as intuições, propensões, impulsos e desejos, até se chegar

Daí advém a concepção atual da psicossomática, de que psique e soma são a mesma coisa: um é a expressão funcional, geralmente vivida pelo sujeito de forma nebulosa, daquilo que o outro, o seu organismo – ou melhor, o seu *bodybrainmind* – está fazendo. O desenvolvimento histórico da investigação mental – ela própria uma operação mental –, chamada de ciência, baseou-se "em demasia" naquilo que aparece à consciência, ou seja, no fato de que o mental observado, que de imediato se afigura à consciência, revela-se substancialmente diferente daquilo que, por meio de instrumentos objetivos, pudemos conhecer sobre o cérebro e suas funções. A consideração da consciência, e, portanto, a sua definição, é hoje muito diferente daquela visão extremamente reducionista do senso comum: distinguiu-se a consciência, antes de mais nada, em sua continuidade, do zero à plenitude símil-perceptiva que geralmente temos para a forma externa, mas sobretudo em virtude de sua diversa e aleatória função quando voltada à nossa interioridade. Precisamente nesse ponto, há cem anos a psicanálise demonstrou como essa consciência introspectiva sobre nós mesmos pode ser assaz enganosa. Afinal, o velho ditado "Cada um é o pior juiz de si mesmo" contém em suas nuances o conceito do engano, mesmo de boa e convicta fé, sobre nós mesmos. Por outro lado, o interesse e a atenção, à própria interioridade dependem da capacidade pessoal perante o que cada um (uns mais, outros menos, alguns muito, outros nem tanto, e alguns outros absolutamente nada – como os alexitímicos) sente ou não sente os "sentimentos"; ou ainda, na presença de uma capacidade mais refinada de consciência, da visão que se tem dos próprios humores, sobretudo daqueles desagradáveis.

Não existe "A" Consciência, mas somente estados de maior ou menor conscientização daquilo que se passa conosco (*The feeling of what happens,* Damasio, 1999), variáveis de um indivíduo a outro, e a

---

à consciência plena (dita reflexiva), transmutável em "pensamento": aquilo que pode vir a ser consciente por meio de uma linguagem.

depender do seu momento relacional; como a própria memória, isto é, sendo uma variação constante. As redes neurais, em sua contínua recepção de aferências, modificam-se constantemente, portanto, nossa memória muda permanentemente, ao passo que aquele tipo de consciência, que nos faz recordar, nos incute a ilusão de que a memória deveria se manter estável. Nutrimos um certo preconceito, ou, antes, a convicção de que uma memória "normal" necessariamente se mantenha estável: nós a confundimos com a recordação e com aquilo em que enganosamente a consciência nos faz acreditar; e nos maravilhamos ao constatar que algumas circunstâncias "excepcionais" tenham alterado ou eliminado uma recordação.[13] Memória é o patrimônio mutável de nosso cérebro, que entre as diversas funções, evoca à consciência visões falsas e parciais da memória: sobretudo quando voltada a nós mesmos.

Em virtude do que sabemos sobre a construção do cérebro – ou melhor de "um" cérebro – e sobre seu respectivo funcionamento individual, podemos inferir o quão anacrônico seja, atualmente, definir a psicossomática como influência genérica da mente sobre o corpo, e não obstante, a meu ver, falar das relações entre o corpo e a mente. Qual mente? E qual corpo? A cada qual a psicossomática que lhe é "própria". O que se nos afigurou como distinto em nossa tradição filosófica cultural é, na verdade, a mesma coisa: *mindbrain*, como se diz hoje, ou melhor, *mindbodybrain*. E se observarmos como nosso "organismo" é vital enquanto aprende (Damasio, 2018), primeiramente o corpo, e então o funcionamento dele, como é possível percebê-lo e, por fim, como todo esse órgão chamado cérebro organiza – e, portanto, elabora e memoriza a experiência –, aí sim o termo *bodybrainmind* seria muito mais apropriado.

A tradição filosófico-teológica do Ocidente nos desafia. Amiúde ela nos faz sofrer inconscientemente. Nossos preconceitos são robustos; nossa ignorância também!

---

13 Não é tarefa fácil em nossa cultura assimilar todas essas distinções supramencionadas.

Referências

Alberini, C. (2012). *Memory Reconsolidation*. Elsevier, 2013.

Alberini, C. (2013). *Memoria, traccia fragile e dinamica*. In Cena, L., Imbasciati, A., *Neuroscienze e teoria psicoanalitica*. Springer, 2014.

Ansermet, F., & Magistretti, P. (2004). *A ciascuno il suo cervello*. Bollati Boringhieri, 2008.

Ansermet, F., & Magistretti, P. (2010). *Gli enigmi del piacere*. Bollati Boringhieri, 2012.

Cena, L., & Imbasciati, A. (2010). *I bambini e i loro caregivers* Edizioni Borla.

Cena, L., & Imbasciati, A. (2014). *Neuroscienze e teoria psicoanalitica*. Springer.

Cena, L., & Imbasciati, A. (2015a). *Psicologia clinica perinatale per gli operatori sanitari e psicosociali* (Vol. I, Neonato e radici della salute mentale). Franco Angeli.

Cena, L., & Imbasciati, A. (2015b). *Psicologia clinica perinatale per gli operatori sanitari e psicosociali* (Vol. II, Genitorialità e origini della mente del bambino). Franco Angeli.

Cena, L., Imbasciati, A., & Baldoni, F. (2010). *La relazione genitori-bambino*. Springer.

Cena, L., Imbasciati, A., & Baldoni, F. (2012). *Prendersi cura dei bambini e dei loro genitori*. Springer.

Damasio, A. (1999). *The feeling of what happens*, trad. it. *Emozioni e coscienza*. Adelphi, Milão, 2000.

Damasio, A. (2018). *Lo strano ordine delle cose*. Adelphi.

Imbasciati, A. (1998). *Nascita e costruzione della mente*. Utet Libreria.

Imbasciati, A. (2015). *Nuove teorie sul funzionamento della mente*. Franco Angeli.

Imbasciati, A. (2017). *Mindbrain, psychoanalytic institutions and psychoanalysts*. Karnac.

Imbasciati, A. (2018). Inconscio e coscienza della memoria: un contributo dalle neuroscienze, In Psicoterapia scienze umane, *Franco Angeli*, 52(4), 563-585.

Imbasciati, A. (2019). *Una vita con la psicoanalisi: la costruzione del cervello e il futuro dell'Umanità*. Mimesis.

Imbasciati, A. (2020). *Bodybraimind: sette lezione per una neuropsicoanalisi*. Mimesis, Milão.

Imbasciati, A., & Cena, L. (2017). *Psicologia clinica perinatale* (Vol. III: neuroscienze e psicoanalisi per la prima infanzia). Franco Angeli, Milão, 2017.

Imbasciati, A., & Cena, L. (2018). *Psicologia clinica perinatale: prevenzione e interventi precoci* (Vol. IV Il futuro dei primi mille giorni di vita). Franco Angeli.

Imbasciati, A., & Cena, L. (2020). *Psicologia clinica perinatale babycentered* (Vol. V Come si costruisce il cervello). Franco Angeli.

Imbasciati, A., Dabrassi, F., & Cena, L. (2007). *Psicologia clinica perinatale*. Piccin. Edi-zioni Borla.

Imbasciati, A., Dabrassi, F., & Cena, L. (2011). *Psicologia clinica perinatale per lo sviluppo del futuro individuo*. Espress Edizioni. (adquirido por Edizioni del Capricorno).

LeDoux, J. (2002). *Il Sé sinaptico: come il nostro cervello ci fa diventare quelli che siamo*. Raffaello Cortina Editore.

Panksepp, J. (1999). *Affective Neuroscience*. Oxford University press, 1998.

Panksepp, J., & Biven, L. (2012). *Archeologia della mente*. Raffaello Cortina Editore, 2014.

Porges, S. (2011). *La Teoria polivagale*. Giovanni Fioriti Editore, 2014.

Seung, S. (2012). *Connectoma*. Codice Edizioni, 2013.

2. Inconsciente e consciente entre a psicanálise e as neurociências

O que é esse "inconsciente"?

Na linguagem comum, o termo "inconsciente" refere-se imediatamente a Freud e ao que a "teoria de Freud" havia descoberto e explicado sobre o plano de fundo da mente humana: mas o que se entende por "teoria de Freud"? E o que significa, precisamente, o termo "teoria": hipotetizar? Ou mesmo explicar? Em outras palavras, tratar-se-ia da hipótese sobre como os eventos observados se produzem, ou de uma explicação real e comprovada? Neste trabalho, meu propósito é esclarecer alguns subentendidos mais recorrentes da cultura psicanalítica mais atual, que dão origem a imprecisões nas definições conceituais e consequentes discussões: em particular, faço referência ao debate atual sobre a utilidade das neurociências para as competências do psicanalista ou, ainda, à relevância das neurociências para o progresso da psicanálise. Obviamente, no centro dessa questão opera o conceito básico fundante da psicanálise, "o inconsciente": daí procederão minhas considerações sobre a consciência e como ela é considerada na cultura psicanalítica.

Intitulei um dos meus textos *Psicoanalisi senza teoria freudiana* (Imbasciati, 2013b), suscitando uma censura implícita, mas significativa, no âmbito da Sociedade Psicanalítica Italiana. Pensei se tratar talvez de um movimento de um coletivo habituado a uma devoção equivocada à tradição, mas me dei conta da relativa conexão disto com a indefinição – tanto na linguagem corrente quanto na dos psicanalistas – de termos como "teoria" e, em particular, "teoria de Freud". Para além de um esclarecimento destes termos, ou melhor, do esclarecimento do significado que se lhes deve ser dado, penso que as grandes mudanças na prática clínica, engendradas nos últimos cinquenta anos, tenham contribuído para a manutenção dessa indefinição: com a ênfase progressiva na importância da relação entre analista e analisando e o envolvimento de toda a personalidade do analista na mudança do paciente. Quiçá essas mudanças tenham contribuído para manter certas indefinições terminológicas, uma vez que, temendo-se que a mudança clínica ofuscasse a memória do gênio de Freud, para mantê-la viva, deixou-se pairar uma indefinição do que ainda hoje chamamos de "teoria freudiana", ou seja, as hipóteses explicativas formuladas pelo Mestre em sua Metapsicologia, a que muitos psicanalistas ficaram particularmente "apegados". Em outras palavras, por receio de macular o legado do mestre, restou indefinido o que com mais precisão entendemos por "teoria", como um subterfúgio para salvaguardar o legado[1] das descobertas fundamentais de Freud sobre a mente humana.

Não creio que ninguém conteste hoje que a principal via para uma efetiva mudança substancial de qualquer pessoa seja a relação, ou melhor, as relações interpessoais, e que seja fundamental a relação entre analista/analisando; e que a "essência" de uma "relação" seja

1 Como uma bandeira velha.

emocional (sentida ou não como tal) e passe sobretudo pelo não verbal, o não intencional, antes "emanado" pelos protagonistas do que decifrado – e sequer traduzível em palavras. Não quero dizer com isso que as palavras sejam inúteis, mas são apenas veículos que podem ser mais ou menos apropriados àquilo que transportam. Contudo, a ênfase na qualidade e nas possibilidades da relação no trabalho clínico instaurou uma reviravolta em toda a psicanálise, da comunicação por meio das palavras para outros canais mais eficazes de comunicação e mudança recíprocas. Os outrora chamados fatores mutativos "atípicos" são hoje considerados essenciais, quando não prevalentes, na alteração das estruturas mentais em sua globalidade.

O que acontece na análise para além das palavras? A que princípios teóricos, a quais concepções, ou ainda, a quais abordagens científicas, de quais ciências, poderíamos atribuir esse "inefável"? O que "acontece" e o que constatamos ser um eficaz agente mutativo – definido por nós como terapêutico para o paciente, mas que também operando no analista – certamente demanda uma explicação. Se essa é uma tarefa difícil de ser feita recorrendo-se aos conceitos teóricos freudianos (além de esmiuçá-los como tais), a que outras formulações teóricas poderíamos recorrer? Podemos falar de afetos – mas isso não explica por que e o quê acontece – ou de empatia, dando início a muitas discussões clínicas. Do mesmo modo, podemos asseverar o que se transmite de inconsciente a inconsciente, mas isso não explica senão as diversas denominações daquilo que foi constatado. É de fato "inconsciente" o que "entendemos" se passar na relação [paciente-analista]?[2] Se o entendermos, ou ainda, se o sentirmos ou "intuirmos", não se trata em absoluto de algo que está totalmente além do consciente. Talvez esteja além para o paciente, mas para o analista, tornou-se consciente. Seria isso mesmo? O consciente do analista é

2 NRT. Vez ou outra estarei introduzindo um pequeno conteúdo entre colchetes para garantir o sentido das frases, evitando, evidentemente, acrescentar outros conteúdos.

diferente se pensarmos no seu *treinamento*, mas ainda não está claro o porquê, para além do fato de que o consciente seria exercido de um modo particular [pelo analista].

A meu ver, opera na cultura psicanalítica a imagem do consciente como uma espécie de interruptor, que funciona em modo *on/off* (consciente sim, consciente não): em nossos pacientes e, de forma implícita, também em nós, quando investigamos as suas mentes.

Parece que não foram suficientemente considerados todos os estudos (experimentais e muitas vezes tratados como alheios à psicanálise) sobre os vários graus, formas, níveis e momentos desse estado mental e em diferentes indivíduos, em função de seus diferentes acontecimentos de vida – sobretudo os interpessoais. Operando principalmente uma espécie de imagem de que esse evento – ou melhor, esse estado de nossa subjetividade a que chamamos consciente – seja um fenômeno acima ou além de todos os demais eventos mentais interiores que a psicanálise estudou ocorrendo na mente, um fenômeno evidente que não requer pesquisas específicas, como se dá com os outros.

Aliás, o próprio o modelo freudiano da estrutura gráfica tripartite – composta por Ego, Id e Superego –, que Freud nos legou e que deu origem à chamada metapsicologia, parece indicar que esse "consciente" seja um evento "concluído", propriedade inerente ao ser humano, e que sequer demanda explicações sobre como ele próprio funciona, para além de um "quando" e como aparece, na captação de algo que não foi previamente iluminado por ela. Essa imagem parece derivar (ou confirmar) de outros precedentes de nossa tradição cultural. Quando a intuição de Freud o impeliu a postular a existência de eventos indubitavelmente "mentais" (que eram, no entanto, designados, então, pelo neologismo *psíquicos*), para além da mencionada capacidade habitual do homem de ter consciência de si mesmo e que, não obstante, determinavam suas intenções, ações e ideias, cunhamos o termo "inconsciente", contrapondo-o a uma clara separação daquilo que de algum modo se acentuava em sua diversidade sob o termo "consciência", e que portanto nos levava a considerar um "consciente" a partir de um significado diferente daquele moral, inscrito na tradição.[3]

Mas a clínica psicanalítica atual - centrada na relação - implica e revela toda uma série de estados psíquicos por meio dos quais se produzem interações entre psicanalista/paciente, bem como a compreensão recíproca entre eles, conformando um *continuum* entre "inconsciente" e "consciente"; inclusive este último entendido em um sentido mais amplo. Por outro lado, os estudos experimentais sobre como o homem conhece a realidade sobre a qual aprendeu a agir de maneira eficaz, bem como todos os estudos sobre o aprendizado - levados a cabo no behaviorismo e reconfigurados no cognitivismo –, demonstraram como é possível postular não somente a existência de esquemas operacionais na mente, mas também de conhecimentos sobre "como fazer" e, posteriormente, como raciocinar, pensar, e, inclusive, conhecer a si mesmo, em processos que extrapolariam completamente qualquer vivência subjetiva à qual atribuiríamos alguma consciência - e que portanto fariam jus ao adjetivo "inconsciente". No estado subjetivo, a diversidade do que foi devidamente demonstrado pela experimentação referente àquilo que, na relação analítica, se experimenta na passagem amiúde inefável entre consciente e inconsciente, fez com que se atribuísse ao primeiro uma adjetivação que o distinguisse do inconsciente sobre o qual os psicanalistas têm se debruçado - definido como inconsciente cognitivo, ao passo que ao segundo lhe atribuíram o adjetivo "dinâmico" –, em uma espécie de homenagem à

3 A língua inglesa usa duas palavras diferentes, "*consciousness*" para indicar o estado de consciência, e "*conscience*" para se referir à consciência moral. Em italiano, o uso de uma única palavra parece favorecer uma assimilação do conceito de consciente, entendido na psicanálise desde a mais antiga acepção filosófico-teológica da consciência moral, como uma qualidade inerente a todos os seres humanos. Semelhante indistinção conservou-se também no léxico referido à saúde, em que estar consciente indica tanto a consciência fenomênica (em inglês, *awareness*) quanto a reflexiva.

teoria energética de Freud. Isso parece ter criado uma cisão científica entre os psicanalistas e os "cognitivistas"; com o respectivo distanciamento – um tanto desdenhoso – entre eles. Fala-se também do "inconsciente neurológico",[4] o que acentua ainda mais a cisão entre duas propostas bem pouco comunicantes de correntes de "pesquisadores".

Surgiu, assim, uma não negligenciável falta de integração das respectivas disciplinas: os psicanalistas acentuaram a conotação afetiva de suas descobertas, ao passo que os cognitivistas acentuaram uma certa superioridade "científica". Os adjetivos dinâmico e cognitivo tornaram-se adjetivos não apenas classificativos, mas também qualitativos; enquanto deveríamos considerá-los, de maneira mais sensata, apenas como "quantitativos" (Imbasciati, 2005b). Por conseguinte, o termo "inconsciente" assumiu, para aos psicanalistas, uma conotação um tanto misteriosa, como um objeto de investigação inesgotável, basicamente imaginativo, enquanto, para os cognitivistas, permaneceu como uma espécie de inferência mais simples, a ser formalizada cientificamente, isto é, segundo a lógica de uma consciência plena, como a que se dirige ao mundo externo. Esta última modalidade de consciência foi objeto de uma distinção, sob a denominação de consciência fenomênica, contraposta ao que se denominou consciência reflexiva, característica de como o sujeito consegue – ou melhor, não consegue – conhecer a si mesmo.

A consciência reflexiva, com suas dificuldades, é o campo explorado pelos analistas: foi desenvolvido um instrumento em que duas pessoas (paciente e analista, hoje ainda mais do que dois) utilizam mutuamente a consciência reflexiva para obter uma consciência "mais verídica", ou seja, semelhante à consciência fenomênica. Não obstante, imperam ainda não poucas dificuldades: seria conveniente prestar mais atenção em como a consciência é compreendida e,

4 Como se a pesquisa neurológica fosse um campo que não admitisse, sob hipótese alguma, as ciências psicológicas.

portanto, como funciona essa consciência dupla tanto no paciente quanto no analista. O esquema explicativo do inconsciente, como formulado por Freud, parece obnubilar o fato de que essa atenção é dada, talvez em demasia, a uma consciência implícita *a priori* "natural"; portanto, sem se preocupar em investigar seu funcionamento, como se faz, e de forma exitosa, com as ferramentas mobilizadas por outras ciências. Essa ideia de consciência, considerada como um instrumento "natural", também figura como tal no caso do esquema freudiano. Contudo, isso significa negligenciar o fato de que o trabalho para descobrir o inconsciente se realiza com a consciência reflexiva, que se vale muito menos do que é verbalizável e que, por sua vez, permitiu à consciência fenomênica conhecer o mundo. Entretanto, as atenções se voltam às peculiaridades da consciência reflexiva, paulatinamente obtida como "substância" afetiva da relacionalidade, ou seja, a comunicação para além das palavras mostrou-se fundamental na psicanálise. Isso tem sido relevante no uso da interpretação ao longo da evolução da psicanálise depois de Freud.

Como funciona a consciência que desvela o inconsciente e que, de quando em quando, nos permite, na análise, tornar consciente (pelo menos um pouco) o inconsciente? Se até agora estudamos o inconsciente com a consciência e com tantas dificuldades, haja vista as discussões atuais, talvez seja o caso de estudarmos esta ferramenta-consciência para ver melhor como ela mesma funciona de acordo com as circunstâncias da sua aplicação e em que "consiste" o que até hoje chamamos "consciência". Supõe-se que a mente humana a possua, embora ela não nos seja completamente desvelada; estamos preocupados em utilizá-la ao máximo, mas parece também que nos omitimos ao não nos interrogarmos sobre a sua origem e seu modo de funcionamento. Essa função-consciência parece ser parte essencial da mente: "está" na mente, e, visto que a tomamos como certa, parece que ela mesma não é muito consciente. Eis o paradoxo, segundo o qual a consciência seria inconsciente de um inconsciente de tipo cognitivo. Ou então, a consideramos como algo que diz respeito apenas ao cérebro. "Mas então ela não deveria ser igual para todos?"[5] Eis a ideia prevalente enquanto não dispúnhamos das evidências de que o cérebro não é o mesmo para todos. A consciência revelou-se natural e igual para todos como predisposição genética e macroestrutural, embora se desenvolvesse de diferentes formas em cada indivíduo.

Esse duplo aspecto da consciência, desconhecido nos tempos de Freud, ensejou o assombro causado pela descoberta freudiana de que a consciência – hoje sabemos, a do indivíduo – era muito falaciosa quando se reportava a si própria e, portanto, denunciava um inconsciente que deveria ser explorado de outra forma: daí a invenção do método psicanalítico. Freud realmente parece partir da concepção de uma consciência "natural" igual para todos, e que precisamente por isso a atribui ao Ego, para inventar o recalque – por parte dessa mesma consciência – e explicar o inconsciente. O recalque se assemelha a uma defesa natural perante uma consciência que assume uma faceta ameaçadora. Seria esse o resíduo de uma certa confusão com a "consciência moral", inscrita na tradição?

Não obstante, Freud utilizou a consciência entendida como universal a fim de explicar o inconsciente, negligenciando o fato de que estava usando a "sua" consciência, penosamente adquirida em sua própria capacidade individual: descobriu o mundo dos afetos e, entretanto, continuou a descrevê-lo pensando que fosse explorável com aquela consciência universal, fenomênica e científica, expressa pela "razão" em sua melhor forma, isto é, verbalizada. Somente depois de Freud, após os progressos kleinianos e a análise das crianças, e sobretudo dos bebês, se descobriu o inefável – em sua acepção etimológica, o que não pode ser expresso por palavras – dos afetos, em uma ação primordial e para além de uma explicação deles.

5 Assim ainda pensam muitos que pouco sabem sobre o cérebro.

Isso hoje nos impõe a questão do que seria a memória dos afetos, ainda em sua origem pré-verbal.

Cada indivíduo tem sua própria mente, irrepetível: admite-se que tal irrepetibilidade possa ser explicada pesquisando seu inconsciente singular: o que nos remete à sua história factual e, sobretudo, interior. Mas então onde estariam os vestígios disso: na memória? A qualidade da consciência teria sua própria história: mas como se origina e como se desenvolve o funcionamento da consciência individual?[6]

A psicanálise estuda principalmente aqueles estados mentais que são chamados afetos: mas o que seriam eles? Os afetos foram estudados em sua intensidade em relação às condutas impelidas por eles: daí a teoria pulsional, que tantas discussões "acaloradas" produziu a partir do legado deixado pelo Mestre. Alguns autores defenderam que somente os estados conscientes deviam ser chamados afetos (Pulver, 1971; Imbasciati, 1991) a meu ver porque não se sabia como poderiam ser caracterizados, ou representados inconscientemente (como imagens, poderíamos hoje afirmar) na mente. Tanto aqui quanto na respectiva história de sua formação, esses estados apresentam vestígios de "alguma" representação,[7] algo semelhante ao que se irradia das palavras de determinada interpretação. Aqui, e mais evidentemente para os afetos, a investigação psicanalítica parece retroceder ao passado do sujeito, de modo a sondar a bagagem de associações e recordações evocadas. Trata-se de vestígios não necessariamente feitos de palavras ou imagens, sobre os quais a consciência pode, ou não pode, ou se esforça a fim de projetar um pouco de luz, com a qual o sujeito se dá mais ou menos conta do que está dentro dele e que pertence ao seu passado. Em relação a esse passado, as recordações estão

6 Poderíamos também nos questionar sobre o quanto a individualidade da consciência reflexiva é afetada por uma distinção individual da consciência fenomênica, também concernente à história individual.

7 Entendo o termo sob o viés psicanalítico, não como entendem os experimentalistas (Imbasciati, 2005b).

longe de estarem certas, tampouco dizem respeito a coisas que "de fato" aconteceram. A memória parece vacilar, a função-consciência ilumina-se de forma tênue e parcial. Quais seriam então os vestígios mnemônicos dos "afetos"? Argumentei (1991), desde o tempo em que o império da teoria pulsional dominava e obscurecia o problema, que os afetos possuíam suas representações. De fato, perscrutamos tais representações ao indagar sobre o passado e, sobretudo, constatando nele a evidência no desenvolvimento das crianças, a partir dos primeiros anos de vida, dos "objetos internos" a imagens mais consistentes do mundo (Money-Kyrle, 1961), e de si mesmas, na formação do *self* e da própria identidade.

Voltando então ao inconsciente, e à busca de uma "explicação" efetiva de como ele se estrutura no indivíduo e do quanto pode ser iluminado, convém formular uma teoria que explique como os eventos de vida interiorizados se organizam para formar a progressão que vemos na psicanálise das crianças (e crianças com mães), e que se proponha a explorar com a consciência exercitada pelo método analítico na relação entre o analista e seu paciente. Uma teoria que poderia ser definida como uma semiótica, que se remete à memória, ou àquilo que dela, a cada instante da vida, encontra-se repousando em nosso interior. Não obstante, como veremos, isso nos remete à memória que, por sua vez, nos remete ao cérebro.

Mas então, o inconsciente seria aquilo que está "na memória" e que a consciência de "um" indivíduo não seria capaz de considerar.

Teorias para "explicar"

Para dirimir as questões sobre o inconsciente e, inversamente, sobre o consciente que o indaga, algumas teorias foram formuladas no sentido de explicar como funciona não apenas a mente humana, mas também a de cada indivíduo. Contudo, é necessário antes expor aqui uma definição mais precisa do que é a "teoria". Se observarmos suas definições em diversas línguas, encontraremos uma multiplicidade de acepções distintas.

Seria a teoria um modelo hipotético, por vezes de natureza metafórica, que consideramos útil à finalidade para a qual trabalhamos? Ou seria uma "explicação" verdadeira, de causalidades acertadas? Não nos esqueçamos de que, na psicanálise, tratamos de teorias "psico-lógicas", isto é, formuladas (= *logia*) por inferências dentro de nossa subjetividade (= *psique*) com a nossa própria subjetividade: de sentir, entender, raciocinar, pensar. Em outras palavras, com a nossa consciência, inclusive quando, mais do que entender e raciocinar, apenas "sentimos". Ora, também aqui intervém algum estado ou capacidade de consciência. Isso seria suficiente ou, para uma explicação efetiva deste "evento consciência" dentro de nós, deveríamos recorrer às ciências "duras"? Talvez não seja um fator indispensável, mas ainda assim é necessário que nossas teorias psicológicas sejam o mais conciliável possível com os "dados" de outras ciências. Uma teoria *psico-lógica* é uma formulação – "logia" – conjugada a um trabalho mental consciente. Aparte de sofrer uma "*patientia*"[8] muito bem reportada pelos clínicos, melhor seria considerar o acontecimento: ou seja, o fato de que usamos o consciente para definir e dissertar sobre o inconsciente. O que seria então esse consciente?

Constantemente refletimos sobre nossa compreensão ou incompreensão do paciente, ou seja, sobre as razões pelas quais não o entendemos suficientemente bem: e o fazemos com a nossa capacidade de consciência. Chamamos de inconsciente aquilo que passamos a compreender do que não compreendíamos antes, mas essa compreensão me parece de todo insuficiente para constatar a origem e o funcionamento do instrumento que nos permitiu ou não tal compreensão. O consciente dos psicanalistas foi "instruído" pelo nosso treinamento

8 Substantivo latino que indica não apenas a ação de sofrer, mas a coragem para suportar, ou seja, uma espécie de resignação para encarar o sofrimento.

específico, voltado a uma compreensão mais ampla. Como isso ocorre? Volta à cena o inefável, inerente às relações,[9] mas não basta adjetivá-lo como tal.

Freud nos forneceu uma série de conceitos para entender não somente o que não entendíamos, mas a própria existência de uma mente para além do que o Consciente (maiúsculo) nos impunha, ou talvez nos negava. E para tanto, nos ofereceu uma série de modelos sobre essa mente, predicada como inconsciente, e de suas relações com os elementos a partir dos quais seria possível fazer uma compreensão, isto é, com a própria consciência. A partir de então passamos a considerar a teoria, ou as teorias. Não se trata apenas de metáforas: se pretendemos definir com maior precisão a teoria como explicação de como um consciente, passível de ser "objetivo", nos permite compreender algo que efetivamente opera em nós – e não o fato de que tenha sido modelado pelo consciente de Freud, que nos apresentou este com o uso de metáforas –, precisaremos de uma "explicação" mais efetiva. Raciocinar com modelos freudianos, como se fossem explicações reais e acabadas, só nos mantém aprisionados no interior deles, como eles se apresentam ao nosso consciente, auxiliado por aquele que iluminou Freud a fim de conferir uma razão ao que observara clinicamente. Contudo, jamais nos questionamos sobre como esse consciente funcionou, se bem ou mal, para esclarecer como isso ocorre neste "fazer-nos saber", segundo os modelos que nos foram apresentados. Voltando ao problema enunciado no parágrafo anterior, se "consciência" alude a algo de universal acima de nossas mentes, ou se indica o que cada mente, em sua singularidade, tenta compreender segundo nossa capacidade de consciência

9 Neste ponto, poderíamos aventar que a teoria dos campos foi formulada para tais eventos. Contudo, essa metáfora foi extraída da física, não consiste numa explicação da gênese do fenômeno particular que constatamos na análise, ou seja, perante uma situação para a qual até o momento ninguém encontrou um campo magnético específico.

pessoal, notemos como os desenvolvimentos relacionais da psicanálise e, em particular, os dos bebês, nos mostram ser justamente esta segunda capacidade que se transmite de uma pessoa para outra por meio de uma transmissão que escapa à própria consciência e à compreensão verbalizável. É justamente esse inefável "que passa" e cujo efeito é dar origem, formar e/ou corroborar uma capacidade de consciência na pessoa pela qual "passou".

É, pois, difícil afirmar que o funcionamento do instrumento da consciência possa ser controlado pela própria consciência se não distinguirmos primeiro duas capacidades diferentes: uma supostamente acima das mentes individuais e inerente ao gênero humano e, a outra, a capacidade de cada indivíduo. Voltando-se a essa segunda capacidade, nossa análise de treinamento [análise didática] alterou nossa própria capacidade de consciência porque passamos a "entender"? Ou algo mais foi alterado? É aqui, no plano clínico, que se situa a fronteira entre a interpretação compreensiva inerente às palavras e alguma outra coisa, que passa ao outro e lhe oferece um entendimento diverso, mais sintônico com seu *self* primitivo, de modo a engendrar uma "mudança" nesse último. Ousaria dizer que nos comunicamos com um infante (no sentido etimológico da palavra)[10] como um outro infante se comunica com ele.

A definição de inconsciente nos remete à definição de consciente.[11] O inconsciente foi definido como uma inferência, por exclusão de um ideal de consciente, lúcido e pleno, enquanto a outras formas

10 Ou seja, aquele que ainda não fala.

11 NRT. Ao fazer esta revisão do livro de Imbasciati, lembrei-me desta passagem de Freud, confirmando que o inconsciente é pensado, por ele, como um consciente ao qual falaria a qualidade de ser consciente. Para Freud o inconsciente é pensado, portanto, segundo "[...] todas as categorias que nós aplicamos aos atos da consciência, como representações, tendências, decisões e outras. Mais ainda, nós somos obrigados a dizer que muitos desses estados latentes [inconscientes] [só se diferenciam dos conscientes porque neles a consciência falta" (Freud, 1915e, pp. 207-208).

mais sombrias de nosso fluir, orientar-se e agir, não conferimos o estatuto de ser consciente. Seria isso um legado "científico" (inconsciente coletivo?) da tradição filosófico-teológica de uma consciência de origem divina? Logo, perfeita, plena, indiscutível, acima e para além da própria mente. Hoje, poderíamos dizer, genética. Se Freud se preocupou em investigar esse inconsciente para além de uma simples lógica de exclusão, algum lampejo de seu consciente deve tê-lo feito intuir isso. Mas uma investigação mais específica sobre como funciona esta função particular da mente que, subtende-se, age de modo a presenciar a existência "da" mente, não é de modo algum uma tarefa fácil. Indagar este consciente – mais precisamente sua faceta que nos é desconhecida – com o próprio consciente (de uma pessoa) parece redundar num círculo vicioso, como um gato que tenta agarrar o próprio rabo. Admite-se que "o objeto da psicanálise é o inconsciente": talvez esse objeto deva ser substituído (Imbasciati, 2014a). Mas afinal, como superar o círculo vicioso de um conceito genérico de consciente sem especificar (ou considerar) que se trata da capacidade específica de cada indivíduo? Foi precisamente disto que Freud nos mostrou os limites, sem, no entanto, os especificar, uma vez que negligenciou o fato de que existe um outro consciente, mais conhecido como inteligência, que nos serve para descobrir o mundo e que podemos projetá-la, com alguma cautela, para dentro de nós mesmos. E foi assim que aconteceu: foi assim que "a" consciência, entendida genericamente, sob o fascínio da teoria pulsional, das defesas, do Ego-Id-Superego e de tudo mais, gerou uma ideia popular, implícita e confusa, de que "a" consciência pode ser enganosa. Daí procede, a meu ver, a necessidade de que um esclarecimento definitivo provenha de outras ciências.

Freud teria nos ensinado que o consciente pode ser enganoso: "com a consciência", podemos entender qualquer coisa, à exceção daquilo que de fato se passa "dentro de nós". Mas esta consciência não é senão nossa capacidade pessoal, via de regra, que tendemos a acreditar ser objetiva: dentro de nós.

Portanto, devemos concordar que, sob o termo "consciência", nos referimos a dois funcionamentos distintos da mente. Freud intuíra a necessidade de se valer da neurologia: mas abandonou o "projeto" (Freud, 1895) devido à insuficiência da neurologia na sua época. Hoje, com uma série de meios e instrumentos, renomados cientistas (Gazzaniga, 2018) sustentam a hipótese da existência de um consciente inerente à cultura evolução, ou seja, ao cérebro humano, que é muito diferente de um funcionamento mental que, voltado para a exploração de si mesmo, como consciência reflexiva, faz com que as crenças pareçam diferentes e falsas do que está a operar "dentro" delas. O Consciente do qual nos fala Gazzaniga, inerente ao apogeu da evolução humana, estaria acima e além daquilo que em determinado indivíduo se constrói como a própria e limitada autoconsciência ao longo do desenvolvimento individual de cada ser humano, consciência esta que se revela enganosa: Gazzaniga é muito enfático ao afirmar que seus estudos dizem respeito ao que denominou-se chamar de consciência fenomênica. Deveríamos então, a fim de melhor distinguir e investigar esses dois tipos de consciência, empregar uma denominação distinta em relação ao termo italiano "*coscienza*", a exemplo dos dois termos ingleses, "*consciousness*" e "*conscience*"; ou melhor, um nome completamente distinto, que não se refira à consciência no sentido genético, ou melhor, universal. Entretanto, os estudos sobre o funcionamento dessa consciência ligada ao biológico estão longe de ser exaustivos: por esse motivo, Gazzaniga a associa ao conceito de instinto. Não obstante, devemos nos fiar nesses estudos de modo a formular uma efetiva distinção – baseada no que acontece no cérebro – desses dois tipos de consciência.

O que seria essa "consciência"?

Uma chave para entender as questões formuladas até aqui – e que parecem quase paradoxais – nos é dada por estudos sobre como e quando a consciência surge nas crianças ainda no estágio fetal. Habitualmente se diz que o recém-nascido não tem consciência: no entanto, manifesta algo quando chora ou reage discriminadamente de acordo com as situações em que se encontra. Certamente, ele não tem a consciência de si próprio como um adulto, tampouco a de uma criança, mas a adquire gradualmente, com bastante evidência na adolescência, até que esteja em posse de uma consciência a que se convencionou chamar reflexiva (Fonagy & Target, 2001). Mas o que seria a consciência que a precede, em diversos níveis? Eis a chamada consciência fenomênica (Benzoni, 2004; Imbasciati, 2005b): ela também é "natural"? Ou estaria relacionada a aprendizagens específicas e progressivas?

Realizamos automaticamente uma série de ações "inteligentes" que aprendemos: podemos pensar na motricidade e em tantas outras ações e operações que aprendemos a fazer – e a fazer bem – sem a menor consciência (nem vontade específica), se não *a posteriori* (se pensarmos novamente); não apenas ficar de pé e caminhar, mas também direcionar o olhar para um alvo, algo que um recém-nascido não sabe fazer, ou ainda, modular a acomodação e o diâmetro da pupila. Tudo isso se consuma sem que apliquemos a essas ações qualquer consciência: ou pelo menos assim nos parece. E aprendemos a perceber: a percepção é o resultado de um trabalho do cérebro ao organizar as aferências, que depende do que o cérebro sabe fazer naquele momento e é temporalmente posterior à recepção das aferências sensoriais, mas, uma vez consumada, alguma "consciência" dá origem a uma resposta que se revela adequada. O fato de relevar-se adequada, significa que foi reconhecida como um sinal para uma resposta adaptativa específica. Sua ocorrência pode ser diferente de indivíduo para indivíduo e se comporta de maneira progressiva ao longo das aprendizagens, durante a própria progressão etária: um bebê de dois meses não percebe como percebia quando acabara de vir ao mundo; assim como esse mesmo bebê, já com um ano, não percebe como percebia aos seis meses. E assim sucessivamente. A percepção não é um automatismo sensorial, como se pode constatar por meio de sua "análise" específica (Imbasciati, 1998): ela pertence a tudo o que aprendemos a "fazer", ou seja, a ajustar-se inteligentemente no ambiente – antes físico e, depois, social. Esse todo parece desenvolver-se automaticamente para além do que se convencionou chamar de consciência. A esse tipo de inconsciência atribui-se a expressão inconsciente cognitivo.

Essa expressão parece ter infundido ou corroborado na mente de muitos psicanalistas a ideia de que essa modalidade de não consciência está relacionada aos estudos experimentais sobre aprendizagem e memória (que, no entanto, nos mostram muitas incógnitas) pertencentes a diversas ciências muito distintas da psicanálise – um campo "estrangeiro" –, ao passo que o "verdadeiro" inconsciente seria objeto da investigação psicanalítica. Essa distinção nominal parece ter instaurado uma cisão entre o conceito de consciência, próprio das ciências experimentais e cognitivas, e aquele, diferente, sobre o qual discorrem os psicanalistas ("tomada de consciência"). *Grosso modo*, uma defesa da marca de fábrica parece ter originado a ideia de uma diferença de produto. Mas em ambos os casos, o problema sobre o que seria esse evento "consciência", embora psíquico e independentemente de sua origem e funcionamento nas diversas vivências da nossa subjetividade, parece ter sido evitado. Uma consciência dada como certa pode ser plenamente justificada se nos pautarmos nos estudos e hipóteses de Gazzaniga, mas muito facilmente ela será implicitamente equiparada à consciência plena, passível de ser expressa com as palavras.

Aquela consciência de que fala Gazzaniga, primorosamente fenomênica, surge na vida evolutiva dos primeiros seres vivos a partir do momento em que um deles (talvez apenas uma só célula) demonstra comportar-se de maneira diversa e discriminada perante aquilo com que trava algum contato: dispõe, portanto, de uma recepção e de uma reação adequadas ao estímulo, não de percepção,[12] mas é

12 Atenção à ambiguidade no significado da palavra italiana "*percezione*" (percepção), geralmente usada como sinônimo de intuição e, portanto, considerada

precisamente da capacidade de discernir e reagir adequadamente que se desencadeia a capacidade de aprender, de maneira gradual, comportamentos cada vez mais complexos, até que o cérebro seja conformado: Gazzaniga ilustra esse início recorrendo às minhocas como exemplo. Trata-se do pressuposto de reconhecer um conjunto de estímulos – percepção – para uma reação adequada específica, ou seja, adaptativa. De todo modo, ao longo da evolução, com o advento de um cérebro cada vez mais complexo, o animal adquire capacidades cada vez mais aguçadas para se ajustar de acordo com o ambiente em que se encontra, para assim percebê-lo e aprender comportamentos cada vez mais "inteligentes", até que ele aprenda a reconhecer algo que, uma vez aprendido, passará então a guiar seu comportamento. Nesse ponto em específico, é inevitável não pensar nos mamíferos: eis o início de uma consciência reflexiva. Essa evolução estaria relacionada à estrutura modular do cérebro, com um número cada vez maior de módulos, cada um deles capaz tanto de desempenhar todas as operações inteligentes de determinado animal, quanto de conectar-se e coordenar-se "da melhor forma possível" com todos os demais módulos. O número de módulos e sua coordenação atingiria o ápice nos seres humanos – e a isso se deve seu elevado nível de consciência. Tudo isso se relaciona à arquitetura celular disposta em camadas, que apresenta uma escala ascendente que vai dos primatas

---

como um fato automático natural. Em sua acepção científica, entende-se por percepção uma organização operada pelo cérebro das aferências que lhe chegam (recepção) pelos aparelhos sensoriais, independentemente de se ter uma consciência. Nos seres humanos, assume-se uma consciência somente após o cérebro ter feito seu trabalho em relação às aferências (ver os experimentos de Libet com tenistas, descritos por Merciai e Cannella (2009)). Máxima consideração também deve ser dada às aferências viscerais, como apresentado na "Teoria Polivagal" de Porges (2011, 2017), e à miríade de receptores bioquímicos humorais presentes em todo o corpo humano. Porges defende, ainda, um tipo muito específico de "neurocepção" independente de qualquer sensor, suscetível, dentre outras coisas, a receber ondas sonoras que estão fora de nosso espectro auditivo.

ao homem, permitindo a esse último o maior número de sinapses no menor espaço possível. Como veremos adiante, são as sinapses, redes de conexão neural, e não os neurônios em si, que dão origem aos desdobramentos no âmbito mental e comportamental.

A transição da consciência fenomênica à capacidade de dar-se conta do que realmente somos capazes (os cognitivistas a estudaram como metacognição), ou seja, a uma capacidade de tipo reflexivo que progressivamente torna-se capaz de refletir sobre aquilo que está "dentro", permite que sintamos ter entendido (poderíamos chamá-la metacognição da metacognição), ou melhor, podemos monitorar isso por meio da observação das crianças; [observação] psicanalítica, mas não nos esqueçamos do comportamento e da cognição. "O que experimenta um recém-nascido?" (Benzoni, 2004). E aos dois ou três meses? E aos seis, oito meses? Ou ainda, transcorridos dezoito meses? E de trás para frente, seguindo uma linha evolutiva antes mesmo do gênero humano, colocou-se a seguinte questão: "o que experimenta um morcego?" (Nagel, 1986).Na psicanálise, de Klein em diante, falou-se de "objetos internos": não se trata de representações de objetos reais, mas sempre da representação de algo. Money-Kyrle (1961) faz uma exposição sobre como esses "objetos internos" servem à criança para que ela estabeleça sua representação de mundo. É necessário entender o que significa "representação": para tanto, nos remetemos à ampla discussão de muitos autores sobre o significado de várias palavras empregadas por Freud (*worstellung* e outras, compostas a partir dela). Por esse motivo, utilizei (Imbasciati, 2005b) o termo "significante" e, a partir dele, desenvolvi o conceito de "cadeia de significantes" (Imbasciati, 2006a, 2006b) na progressão símbolo-poética que assinala o desenvolvimento protomental da criança. Sabemos que o resultado de cada aprendizagem condiciona as aprendizagens subsequentes: isso significa que cada aprendizagem deixa um vestígio – inconsciente cognitivo? – que condiciona o que será aprendido. Trata-se de um "engrama", ou significante, que serve para modular como uma habilidade posterior será aprendida, ou ainda, como a próxima experiência será assimilada na formação de conhecimentos. Com base nas capacidades progressivas adquiridas pela criança, para além de cada conscientização, serão adquiridos significantes progressivos da realidade e, sobretudo, das modalidades em relação às quais atua, em um processo de formação símbolo-poiética que envolve cadeias de significantes que, por sua vez, irão constituir o desenvolvimento da mente. Isso também vale em relação ao desenvolvimento afetivo que a criança aprende a partir das expressões e das interações afetivas com os pais e *cuidadores*. Tratar-se-ia, portanto, de um inconsciente cognitivo[13] no qual se mesclam também, numa progressão símbolo-poiética, todos os estados corpóreos (Porges, 2011 e 2017), de modo que esse conjunto constituirá os afetos. Mas onde estaria então a tão propalada diferença entre o inconsciente dinâmico e o inconsciente cognitivo? Se mesclam, para em seguida se distinguirem, as aferências táteis, olfativas, térmicas, vestibulares, musculares, viscerais, auditivas não verbais, exterocepções e interocepções (e depois introjeções), ou a recepção sem sensorialidade – neurocepção – descrita por Porges, em uma série de vestígios, "imago", sobre o qual se entrelaçam as capacidades progressivas de operações protomentais, como nos mostra o experimento conduzido pelos analistas de crianças, bebês e mães com recém-nascidos.[14] O eco dessas cadeias símbolo-poiéticas reverbera na escuta das associações, feitas por pacientes adultos e pelo analista em sua relação, e nas sequências de jogos para as crianças. Reverbera, ainda, nos estados corpóreos, inclusive nas "doenças".

Esse desenvolvimento ao longo da progressão etária assinala, a cada fase, o modo pelo qual a criança conhece o mundo aprendendo, até que lhe seja possível aprender a "refletir" sobre esse conhecimento: sobre o que aprendeu, primeiramente sobre os resultados finais daquilo que pensa e do que pensa poder fazer, como na adolescência, e depois

13 Atenção ao aparente paradoxo que daqui decorre: inconsciente cognitivo dos processos afetivos.

14 Piontelli, 1992; Imbasciati, 2001a, 2002a, 2002b e 2010.

sobre o que aprendeu a sentir nebulosamente e, em seguida, a intuir como afetos na idade adulta, com o eco – alguns mais, outros menos – das transformações que se produziram em "seu" inconsciente.

A descrição da formação de um inconsciente cognitivo e, posteriormente, reflexivo, fornece uma metapsicologia completamente diferente da tradicional, mas, todavia, capaz de "explicar" como a mente se forma, ou melhor, como ela se "constrói" (Imbasciati, 2017): em última instância, poderíamos defini-la como uma teoria semiótica da formação inconsciente da mente. Outrossim, fornece uma chave de compreensão da memória implícita e se presta a explicar melhor a transição mutativa que ocorre na relação psicanalítica. Por fim, demonstra como não há uma separação entre inconsciente cognitivo e inconsciente dinâmico, como se fossem dois eventos naturais distintos: trata-se apenas de uma divisão "política". Cada significante inconsciente está ligado ao anterior, e é difícil supor que tais vínculos desapareçam: de alguma forma, numa relação intensamente afetiva, os vínculos de um dos dois protagonistas que os mobiliza passam para os vínculos do outro. Poderíamos pensar em um sistema de neurônios espelhos, incluindo também o conjunto visceral-humoral que caracteriza os estados afetivos. Consequentemente, uma mudança é induzida na memória implícita, cognitiva ou afetiva, e que, no entanto, basta para explicar o funcionamento individual de uma Mente.

Por um lado, descrição sequencial aqui mencionada com base nos textos citados se assemelha, com outros termos e conceitos, à "teoria" psicanalítica de Bion e, por outro lado, parece acomodar-se à concepção atual do desenvolvimento e funcionamento da mente.[15] A obra de Bion se propõe a analisar – de modo a incrementar – as próprias capacidades introspectivas, bem como a inserir aquelas do paciente na interação, em progressivos lampejos de compreensão do estado de si próprio e do outro: a progressão foi esquematizada

15 Imbasciati, 2018, 2019 e, 2020a, 2020b.

com símbolos matemáticos (a "grade") (Bion, 1972). O esquema que proponho constitui uma "explicação" em termos de simbolizações progressivas, ou significantes de possível cognição, refazendo os estados do *self*: algo homologável a uma memória daquela progressão que leva o ser humano dos objetos internos às primeiras organizações pseudoperceptivas (os "fantasmas",[16] em linguagem clínica), nas quais as aferências externas se mesclam às aferências internas, corpóreas, às memórias dos primeiros esquemas cognitivos. Essa espécie de homologação é corroborada pela composição/organização da mente em correspondência com a memória no processo de construção do cérebro (Imbasciati, 2018). Portanto, é possível pensar em uma efetiva "explicação", em consonância com os princípios biomoleculares em virtude dos quais atualmente sabemos que o cérebro é construído, elaborando as aferências recebidas em sua progressiva construção da experiência, nas contínuas mudanças produzidas ao longo de toda uma vida.

Mente e cérebro

Houve um tempo em que se acreditava, de forma aproximativa, que diferentes atividades neuronais de determinadas zonas do cérebro "governassem" suas respectivas funções mentais, a exemplo da argumentação consciente sobre o que nossa consciência introspectiva nos sugere e que, portanto, seria preciso identificar as localizações cerebrais responsáveis pelas correspondentes "atividades mentais" percebidas e organizadas conscientemente sobre a nossa subjetividade, em uma correspondência implicitamente considerada "natural" entre mente e cérebro. Em outros termos, partia-se do ingênuo pressuposto de que a miríade de atividades mentais – na verdade, bem pouco definidas pela percepção subjetiva – tivesse "naturalmente" um

16 Me remeto aqui aos estudos de Fraiberg a respeito de *Ghosts in the nursery* (Fraiberg, Adelson, Chapiro, 1975).

equivalente em determinada zona do cérebro. Além de ingênuo, esse pressuposto revelou-se arbitrário: quem nos disse que os conceitos "mentais" – da mente consciente – cunhados para subdividir em poucos grupos as nuances imensamente diversas daquilo que sentimos que podemos identificar, que subjetivamente parecem ter elementos comuns, sugeririam que seu reagrupamento (por exemplo, "pensamento", "memória", "linguagem", "atributo" etc.) indicassem funções mentais específicas? Por outro lado, não há indícios que atestam que elas correspondam a atividades biológicas particulares dentro das células (não são neurônios) ou de várias zonas do cérebro.

O que se descobriu neurologicamente nesta direção é o simples fato de que algumas zonas do cérebro apresentam uma variação da atividade bioelétrica para algumas atividades do indivíduo: se o indivíduo não consegue realizar mais determinada performance, a atividade bioelétrica daquela zona desaparece, como se tivesse sido ferida; de fato, isso ocorre com alguma frequência, mas nem sempre é assim. Isso significa que algo dessas zonas é imprescindível a determinadas funções, e que lesões de clara natureza traumática naquelas zonas produzem no sujeito uma inaptidão em relação àquelas respectivas funções. Mas não significa que aquelas atividades sejam geradas por aquelas zonas. Na verdade, algumas zonas cerebrais parecem indispensáveis para certas funções mentais identificáveis – para a linguagem, são clássicas –, mas não são aquelas que as produzem, pois sempre são necessárias outras zonas, em geral pouco identificáveis; além disso, ainda outras zonas podem, após um tempo, assumir suas características funcionais. Se era e continua a ser incontroverso que a atividade bioelétrica de determinada zona é um sinal indispensável para a ocorrência de uma determinada "função" da mente (na realidade, dificilmente pode ser especificada, visto que é feita com base em nossa percepção subjetiva), não é verdade que essa função seja produzida por essa zona: são sempre necessárias mais e mais zonas, mas também elas não são sempre definíveis como zonas anatômicas do cérebro, tampouco correspondem a funções mentais. Não se detectou, até o momento, qualquer metabolismo específico que tenha correspondência com alguma das chamadas funções mentais: estas, além de sua suposta caracterização na subjetividade, são produzidas pelas inúmeras combinações da miríade de redes neurais. Não tanto pelos neurônios, mas pelas inumeráveis conexões sinápticas.

Por anos a fio as pesquisas sobre o cérebro estiveram focadas em uma concepção localizatória (já resumi muitas vezes essa história),[17] de modo que, mesmo que sejam válidas essas pesquisas por meio das detecções bioelétricas dos mais diversos pontos do encéfalo, o endereço localizatório foi integrado e condicionado por uma concepção geral distinta do funcionamento cerebral, não necessariamente focada em identificar atividades neuronais pré-constituídas do cérebro do *homo sapiens*, tampouco no neurônio como tal, mas antes nas redes sinápticas e, principalmente, em como elas se originam. Estas redes não são de fato pré-constituídas em um hipotético cérebro humano "normal", mas construídas e constantemente modificadas pela experiência individual; ou melhor, como veremos, pela forma como a configuração das redes de um indivíduo elaboram e transformam as informações que chegam ao organismo daquele indivíduo; este organismo "faz" a experiência. Não são os neurônios, como entidade anatômica, os responsáveis por gerar as funções em um cérebro, tampouco elas se refletem nas respectivas funções da mente: as funções cerebrais dependem das redes sinápticas – "Nós somos as nossas sinapses": LeDoux (2002) – e estas, salvo pouquíssimas (dentre uma miríade) pré-constituídas no tronco cerebral para funções vitais em todos vertebrados (ver Panksepp, 1999: as sete motivações vitais), são construídas (aqui o processo biomolecular é menos obscuro)[18] em

---

17 Imbasciati, 2019, pp. 75-80. Uma exposição detalhada em linguagem acessível pode ser encontrada nos primeiros capítulos da obra *Connectoma*, de Seung (2012).

18 Nos experimentos com ratos contatou-se que experiências novas, desde que não estressantes (medidas biológicas), produzem cadeias proteicas no corpo dos neurônios, que podem estabelecer novas conexões, novas sinapses. Cf. Alberini, 2013.

cada parte do corpo, segundo os episódios protagonizados por cada indivíduo. O cérebro, em essência, não é "dado" pela Natureza[19] senão em sua macromorfologia, mas a sua microestrutura, as redes sinápticas com seu respectivo funcionamento, são formadas pelo aprendizado a partir da experiência de cada indivíduo: este aprendizado consiste numa construção em permanente formação, modificação, desconstrução e reconstrução de redes neurais que podem[20] a todo momento operar em novas e renovadas funções. Não existe um cérebro normal. Ninguém tem o cérebro idêntico ao de outra pessoa: "a cada qual o seu cérebro".[21] As conexões das redes conformam a individualidade de cada pessoa: "nós somos o nosso conectoma" (Seung, 2012). Mas isso não vale apenas para o cérebro, uma vez que as redes se ramificam por todo o corpo.

Sob essa nova concepção, centrada na formação e modificação contínua de redes neurais – e não sobre redes anatômicas pré-constituídas[22] – consolidada nos últimos anos, a construção da funcionalidade do cérebro enfatiza que são as experiências as responsáveis por determinar a singularidade da proliferação (e/ou desconstrução) de novas sinapses, cujos circuitos constituem no cérebro os aprendizados de determinado indivíduo: "experiência" não significa os eventos objetivos vividos pelo indivíduo, mas como ele a elabora dentro de si

---

19 O cérebro não é o anjo da guarda de uma suposta normalidade da mente. Geralmente o modelo cultural que se tem a respeito do cérebro se assemelha à minha metáfora.

20 Ainda não está muito claro "quando", este referido "podem", faz com que entrem em ação [em novas e renovadas funções]. Um dos pontos aduzidos pelas pesquisas atuais diz respeito ao fato de que o conectoma está em constante transformação: a meu ver, se a função-consciência é inerente à modularidade do cérebro, como sustenta Gazzaniga, convém pensar no *continuum* entre consciência fenomênica e consciência reflexiva em relação à quantidade de módulos que concorrem para isso.

21 Ansermet & Magistretti 2008; Imbasciati 2019 e, 2020a e 2020b.

22 Estas se revelam necessárias, mas não suficientes para produzir uma fruição, e em todo caso podem ser substituídas ao longo do tempo, sempre que as primeiras tenham sido lesadas.

(recordo a máxima de Bion, "aprender com"), e é precisamente isso que se traduz em modificações nas redes; ou melhor, as novas redes sinápticas são, no cérebro, o que significa "aprender com". Portanto, é o cérebro que aprende, uma vez que transforma a aferência que lhe chega em um *reset* de sinapses, a depender de como, naquele momento, sua configuração sináptica o permitir. Aprendizagem, no cérebro, é a construção de todo aquele cérebro, específico daquele sujeito; ou melhor, modificação, construção e reconstrução de todo esse cérebro, embora não saibamos exatamente "onde". O cérebro todo encontra-se em uma "aprendizagem"[23] contínua. E a aprendizagem remete à memória: o cérebro todo é memória. As redes, em constante rearranjo, constituem "a" memória que, a depender de como se origina, é capaz de produzir, na consciência, as "eventuais" recordações.

Convém sublinhar que isto não e aplica a todos os acontecimentos vividos pelo sujeito, como se o cérebro fosse um dispositivo que registra continuamente a realidade e a acumula em fitas cifradas, numa espécie de arquivo. Nos experimentos com animais (Alberini, 2013), parece que a incidência neurogenerativa das informações organizadas na percepção, com a qual um animal aprende, esteja correlacionada ao estado de estresse: nem muito, nem pouco demais. Isso seria a marca da aprendizagem, concretizada em novas redes ou/e modificação das anteriores. Tudo isso significa que não são os eventos externos como tais, presentes numa realidade como pode parecer à percepção comum dos humanos, os responsáveis por gerar as aprendizagens, mas "como" determinado cérebro as transforma para produzi-las. Isso nos revela

---

23 Tenho a impressão de que, na cultura corrente dos psicanalistas, haja uma profunda cisão entre o eco inconsciente da palavra "aprendizagem" e sua centralização nos afetos. Mas mesmo o que é chamado de afeto é aprendido, como bem elucidado pelos psicanalistas que trabalham com mães e recém-nascidos. Do mesmo modo, é possível vislumbrar uma cisão entre o que se identifica na mente de forma analítica (paciente com analista) e o que ocorre no cérebro. Daí provenha talvez uma "certa" aversão cultivada pelos psicanalistas em relação às neurociências.

que o cérebro está sempre trabalhando e, na elaboração das informações que lhe chegam, estão incluídos os efeitos humorais do chamado estresse. Isso, por sua vez, diz muito sobre a coparticipação humoral de todo o corpo para a aprendizagem[24] e, portanto, diz muito sobre a aprendizagem do que atribuímos sob a denominação de "afetos".

Logo, "experiência" não significa tão somente imagens da realidade, mas transformações dela a partir de como o cérebro "as processa". A intuição bioniana do aprender "com", ao invés do mais propalado "aprender da", antecipou em quase meio século as descobertas das neurociências. Bion consegue adentrar no plano da introspecção na intersubjetividade analítica: a experiência vivida do sujeito é aquilo que sua mente elabora e transforma a partir de eventos externos, a partir de como ele está funcionando. No cérebro, os eventos externos recebidos se transformam a depender de como a configuração das redes neurais (conectoma) trabalha naquele momento, a partir de novas alterações das mesmas. Portanto, o efeito de uma experiência no cérebro depende de como ele aprendeu a funcionar a partir das elaborações das experiências anteriores que, por sua vez, construíram o seu modo individual de trabalhar: o que significa que a experiência que vale para os efeitos de uma aprendizagem eficaz, ou seja, uma mudança no cérebro (positivamente; mas infelizmente uma experiência pode levar a uma mudança nas redes neurais que produz efeitos negativos que, se inesperados, os psicanalistas denominam trauma),[25]

24 A participação do corpo na construção e na correspondente capacidade das funções mentais foi documentada de modo muito particular a partir da descoberta dos neurônios espelhos. As redes sinápticas implicam uma participação do sistema nervoso motor no desenvolvimento de ações mentais para a compreensão do outro e para gerar empatia (Ammanniti & Gallese, 2014).

25 A meu ver, é impróprio falar de trauma: pressupõe-se um mecanismo lesado pelo qual se acredita, de maneira equivocada (ver preconceitos, Imbasciati, 2020, cap. 2.4), que em uma suposta "normalidade" a experiência deveria permanecer como tal em sua respectiva recordação, ou pelo menos em seu vestígio; e, por conseguinte, na mente (Imbasciati, 2020b, cap. 2.4).

depende das experiências pregressas, ou melhor, de como elas foram elaboradas por aquele funcionamento que encontraram, naquele preciso momento, em determinado cérebro. Em outros termos, o que temos é um efeito "cascata", ou "efeito dominó" (Imbasciati, 2020b), em uma constante modificação da construção de redes neurais que marca o desenvolvimento mental do indivíduo. Trata-se do que hoje chamamos de *mindbrain*.

Convém elucidar que esse trabalho não é simplesmente mediado e veiculado pelas informações das sondas sensoriais externas, mas intervém aqui, e de forma massiva, o que provém das sondas internas para o corpo, como descrito na teoria polivagal de Porges (2011, 2017), bem como o conjunto humoral de todo o Organismo (Bottaccioli, 2017), em uma contínua circulação recíproca de informações com elaboração recíproca, entre corpo (visceral, humoral e inclusive motriz), realidade, cérebro e "mente". Esta também parece intervir, pelo menos retroativamente: o *mindbrain* é um *bodybrainmind* (Imbasciati, 2020b).

As sequências que caracterizam a construção do cérebro,[26] com seu efeito cascata, confirmam o que os analistas, em especial aqueles que se dedicam às crianças, há muito tempo constataram: as experiências da primeira infância condicionam, para o bem ou para o mal, o efeito das experiências posteriores, determinando a "vulnerabilidade" mais do que a "resiliência" da mente da criança em suas sucessivas experiências. Daí advém todo o interesse pelo que conhecemos por trauma e pela pesquisa do desenvolvimento psíquico desde o período neonatal e fetal, bem como o cuidado na primeira e na primeiríssima infância; outrossim, o interesse e o cuidado com o fundamental determinante relacional mãe-filho, que em absoluto não corresponde a um veículo neutro de informações, mas que "decide" sobre a construção das redes neurais da criança (e inclusive da própria mãe, como na analogia entre paciente e analista), no êxito feliz ou infeliz de suas

26 Poderíamos afirmar que o cérebro é o "*bodybrainminded*".

experiências, condicionando seu futuro. Eis a gênese da configuração de uma Psicologia Clínica Perinatal, centrada na criança desde sua concepção, aliás, no casal que a gera, como preconizada, nos últimos vinte anos, por minha Escola.[27]

A dificuldade dos analistas no confronto com as neurociências

Apesar das concordâncias anteriormente referidas entre a experiência interpessoal dos psicanalistas – particularmente aquelas com bebês e crianças – e do quadro oferecido pelas neurociências sobre a construção do cérebro-mente, persistem ainda alguns mal-entendidos recíprocos. Aos analistas, parece supérfluo saber como a inefabilidade das mensagens relacionais que "curam" – ou pelo menos melhoram – o funcionamento mental dos pacientes, bem como a de genitores com seus bebês, encontra correspondência na construção-reconstrução de um cérebro ("dos" cérebros). Quiçá os analistas tenham sido dissuadidos pelas comparações levadas a cabo, até o momento, com a antiga concepção que se tinha do cérebro. Por outro lado, os neurocientistas estão pouco dispostos a oferecer seus conhecimentos de maneira tangível aos não especialistas das ciências experimentais, os quais, muitas vezes ciosos como os primeiros de seu próprio saber, desprezam por vezes aqueles que "fazem um pouco de psicologia"; e sobre o cérebro, estes últimos sabem menos ainda do pouco que sabem os primeiros. A discrepância entre a forma como constatamos, com a mente, o funcionamento de nossa própria mente e a experimentação técnico-biológica para estudar como o cérebro funciona é enorme. Como pode a química molecular explicar o que sentimos e pensamos?

---

27 Cena et al., 2010 e 2012; Manfredi & Imbasciati, 2004; Imbasciati, 1991, 2001, 2010, 2018, 2019 e 2020b; Imbasciati & Cena, 2015a, 2015b, 2017, 2018 e 2020; Imbasciati et al., 2011.

Neste cenário, a "explicação" que já mencionei, de uma progressão de símbolos (significantes, engramas) constituída no desenvolvimento das aprendizagens segundo a construção símbolo-poiética do recém-nascido à criança, que permanece (pelo menos em parte) na memória, inclusive do adulto, a meu ver é compatível com a intuição de Bion sobre como podemos apurar nossa capacidade introspectiva (consciência reflexiva) rumo aos estados inefáveis da mente. O quadro bioniano pode servir como ponte entre o plano clínico da relação analítica e uma explicação mais sólida e atual oferecida pelas neurociências: do inconsciente herdeiro dos fantasmas às mudanças nas redes neurais na construção de uma mente progressivamente mais evoluída e eficiente. A concatenação símbolo-poiética dos "fantasmas" – ou o que pode ser definido como teoria semiótica do desenvolvimento da mente – condiz com a progressão da construção das redes neurais e do supramencionado efeito cascata, a exemplo do que demonstram todos os estudos sobre a sucessão de aprendizagens, bem como sobre o que as "transformações" de Bion revelam na clínica dos estados da mente numa relação.

Tudo isso poderia levar a uma superação das dificuldades dos psicanalistas perante as neurociências. Entretanto, aqueles que se debruçam sobre a psique conhecem o cérebro como se sabia há vintes anos. Hoje talvez não saibamos muito mais do que antes, mas sabemos que as "coisas" mudaram bastante, e é vão o intento de confirmar nossas discussões e nossos antigos modelos teóricos psicanalíticos com base na velha neurologia. As neurociências evoluem em um ritmo vertiginoso, muito embora a linha de chegada ainda esteja obscura e distante (Gazzaniga, 2018).

Pelos motivos expostos, muitas das concepções amplamente conhecidas, porém ultrapassadas, permanecem travestidas sob a forma de preconceitos, praticados inclusive por pessoas cultas. O preconceito, entendido na acepção específica da Psicologia Social, é ainda uma tendência à ação (poderia-se dizer, *acting* coletivo), embora o indivíduo em sã consciência esteja convencido de estar agindo no sentido contrário. Muitos desses preconceitos podem ser desmascarados na análise de nossa *práxis* sanitárias.[28] Disso resulta que, sob um suposto (inconsciente? Com um baixo nível de consciência?) interesse nas neurociências, não poucos psicanalistas se valham delas, mascarando assim a persistência de velhas noções – travestidas em preconceito sobre o cérebro.

Uma dificuldade fundamental decorrente desse processo é que se cria no ânimo (incluindo o dos psicanalistas) um pesado conjunto emocional, constatando-se um enorme abismo entre o plano neurobiológico e o plano de nossa introspecção. Como pode a bioquímica do cérebro gerar aquilo que "sentimos na mente"? Tanto maior é o abismo, com seu efeito emocional correspondente, quando aprendemos sobre a alteração constante da microestrutura biológica de um cérebro em relação ao fluxo dos eventos mentais, sejam esses observados de fora (comportamento) ou a partir da introspecção de uma consciência reflexiva. A herança emocional de muitos psicanalistas ao constatar o referido abismo poderia ser superada à medida que entrassem em contato com as concepções vigentes nas neurociências, muito distintas daquelas que há algumas décadas prevaleciam no estudo do cérebro. Daí a necessidade de uma atualização constante da própria profissão psicanalítica que, com seus velhos modelos, favorece apenas a permanência de fantasias onipotentes e infundadas sobre a possibilidade de se alterar a configuração da mente. Com efeito, o abismo conceitual entre a materialidade do cérebro e a gênese da mente permanece, na verdade, desconsiderando como o cérebro varia e, consequentemente, apenas acentua esse abismo; porém, uma maior familiaridade com as neurociências poderia mitigá-lo. Por outro lado, o abismo entre uma ordem e outra está aberto à exploração de seus processos. O que hoje se sabe é que cada função mental – ou performance executiva que se possa extrair de nossa capacidade

28 Imbasciati, 2020b, cap. 2 e 4.

reflexiva – é fruto do trabalho simultâneo de inúmeras redes neurais distribuídas nas mais diversas e variáveis zonas do cérebro e do corpo. A passagem das alterações moleculares da bioquímica neural, com a respectiva neoformação de sinapses, para funções detectadas e definidas como mentais está ainda em seus primeiros passos.

A questão aqui apresentada sobre as possibilidades de se estudar melhor a função-consciência, sem a qual – e precisamente com a qual – parece impossível superar a divisão mente/cérebro, não me parece senão uma evasão da cultura atual ao considerar a consciência como um evento avesso a questionamentos. Também as neurociências, ao desprezar a psicanálise, desempenham um papel semelhante – mas talvez mais fundamentado. Gazzaniga, por exemplo, sublinhando o funcionamento do cérebro por intermédio de redes sinápticas, argumenta que estas estão organizadas em módulos, cada um dos quais é capaz de desempenhar mais ou menos todas as funções de um cérebro "necessário para a mente", independentemente, mas em cooperação com todos os outros módulos para dar o efeito final. Nesse contexto, Gazzaniga infere que cada módulo tem uma consciência inerente e, portanto, lhe atribui o conceito de instinto. Contudo, nessa proposição fica em aberto a definição de instinto, o que se entenderia por essa modalidade de consciência e como essa função de consciência seria gestada.

Logo, o problema consiste em habituar-se a distinguir, como já mencionado, a consciência natural, por assim dizer, daquela consciência chamada de "defensiva" pelos psicanalistas. Esta modalidade de consciência defensiva, que há muito fora considerada por Freud e que em não poucos psicólogos e mesmo psicanalistas inculcou a noção de que a consciência fosse enganosa, pode então ser considerada como o resultado, individual e imperfeito, daquilo que na maioria dos seres humanos não conseguiu (devido às circunstâncias de vida elaboradas nas experiências) fazer funcionar plenamente em todos os módulos do cérebro, dos quais Gazzaniga nos fala. Trata-se de uma hipótese, por ora ainda muito incerta, e que não obstante me fascina, considerando o futuro da Humanidade, seja no progresso ou na catástrofe.

Portanto, visto que o campo em questão é ainda considerado desconhecido até mesmo por alguns neurocientistas, e pouco tolerável como uma aproximação por parte dos psicanalistas com neurociências, a perspectiva para os psicanalistas certamente não é fácil, de modo que é quase imperativo evitá-la ("de que servem as neurociências em minha profissão?"). Alternativamente, nos aproximamos de concepções neurofisiológicas obsoletas, mas muito mais convenientes aos preconceitos correntes.[29] Se a obra de Panksepp (1999), mais precisamente suas *Afective Neuroscience*, abriu uma porta ao interesse dos psicanalistas, mais harmônico a uma cômoda gestão dos preconceitos é o fácil subterfúgio de confrontar os velhos modelos de Freud com as velhas concepções localizatórias.

Com efeito, embora constatada a ingenuidade de se buscar no cérebro as funções "correspondentes" detectadas no plano mental, incerto, quando não arbitrário, é reagrupar algumas funções mentais sob denominações voltadas a caracterizar a psicanálise, o que de fato ocorreu, mas que são apenas modelos metafóricos (hipotetizados por Freud, visto que em seu tempo o conhecimento sobre o cérebro era completamente inadequado, não à toa o "Projeto" foi abandonado e, de algum modo, era preciso conferir alguma ordem às descobertas da "psicanálise"); ao que parece, muitos analistas foram atraídos pela possibilidade de uma hipotética equivalência no cérebro ao compararem os velhos modelos freudianos com as velhas concepções do funcionamento cerebral em relação à mente. Na verdade, essa equivalência serve apenas a uma reafirmação sumária, talvez ilusória,

---

29 Também Gazzaniga evita o problema, afirmando que "a palavra consciência carece de uma objetividade por ser difícil precisar no que propriamente consiste a sensação subjetiva de sua existência" (Gazzaniga, 2010, p. 190, ed. italiana).

uma vez que é feita sob a premissa de um cérebro funcional implícito, como se acreditava no século XX passado.

Talvez os analistas se sentissem atraídos, lisonjeados e inclusive desonerados de tantas dúvidas se um neurologista renomado (como neurologista) lhes mostrasse alguma correspondência entre as funções mentais e os modelos de Freud. Discorrer sobre a validação no cérebro com as palavras extraídas dos conceitos freudianos que marcaram nossa história e inclusive nossa formação, resulta em um efeito tranquilizante – uma operação da consciência individual – na mente de muitos psicanalistas, e o mesmo ocorreria se, paradoxalmente, alterassem, quando não criticassem, muitas ideias de Freud (ver Solms, 2015). A consciência individual desempenha, aqui e em outros campos do saber, uma função tranquilizante, embora muito pouco apropriada à compreensão, que mantém a Identidade do *self*. Convém nos perguntarmos por que é necessário recorrer a um legado histórico para manter a própria identidade. Em um contexto relacional, ou mais precisamente entre o analista e o analisando, mesmo entre duas pessoas, ocorre uma comunicação não verbal recíproca que modifica as redes neurais na aprendizagem de uma linguagem comum. Trata-se de uma aprendizagem emocional, ou seja, das expressões dos estados subjetivos, como aquela observada nos bebês, na relação mãe/recém-nascido, bem como em outras idades e modos de vida, ou até mesmo nos animais (Imbasciati, 2020b). A afetividade é aprendida enquanto os estados interiores assumem o primeiro plano corpóreo e as expressões correspondentes a aprendizagens recíprocas irão constituir uma linguagem comum,[30] não ciente – uma espécie de inconsciente cognitivo – mediante a qual os seres humanos, a exemplo da grande maioria dos animais, se comunicam.

Até o fim do século XIX, "mente" implicava aquele estado subjetivo a que, mais tarde, uma vez configurado um inconsciente, demos

30 Com limites em relação às comunidades de pertencimento distintas.

o nome de "consciência", até então usado, pelo menos na língua italiana, para indicar algo completamente distinto, a consciência moral: isso gerou equívocos, implícitos na concepção dessa consciência como um estado definido no sentido pleno e lúcido, como um *on/off* aplicável a todas as investigações. Posteriormente, outros equívocos derivaram do uso médico da definição de consciência, como o estado de alerta perante o qual se tem alguma consciência fenomênica, e da falsa distinção entre o uso atento e racional dela ao estudo científico dos eventos que nos cercam e à capacidade individual de entender a si próprio como funcionamento da própria mente, ou seja, que cada pessoa possui em diversos níveis, formas e momentos. A engenhosa invenção de um método específico permitiu que Freud, sujeito à denominação de "meta-psicologia" – em homenagem ao século –, fundasse uma Psicologia mais abrangente e efetiva e apontasse o seu estudo sobre o quanto opera na mente uma lógica que define de diversas formas e com maior ímpeto a vida dos humanos, para além de uma *logia*, na verdade, uma pseudologia da "sua" capacidade individual de consciência reflexiva. À época, tal feito equivaleu-se a uma revolução: hoje, poderíamos pensar numa nova reviravolta de época, aliás preconizada pelo próprio Freud, se pudéssemos empregar outras ferramentas, como aquelas oriundas das neurociências.

O inconsciente "é" memória

Nos parágrafos anteriores me debrucei sobre as razões da necessidade de recorrer às neurociências físico-biológicas para se obter uma "explicação" dos eventos mentais que possam ir além das teorias que formulamos em nossa subjetividade: via de regra, elas são apenas metáforas que podem servir para refinar nossa própria capacidade introspectiva. As recentes descobertas sobre o cérebro nos permitem traçar um novo caminho, ou seja, integrá-las à psicanálise para entender de maneira mais aprofundada como nossa mente funciona e, em especial, sobre o que acontece na "passagem do inconsciente para inconsciente". Se óbvio e necessário apresenta-se o interesse dos psicanalistas pelas neurociências, é imprescindível que sua atualização provenha de conhecimentos recentes sobre o cérebro, para além da celebração de uma validação dos modelos freudianos sobre os conhecimentos aproximativos anteriores concernentes ao cérebro.[31] As neurociências avançam em um ritmo muito mais rápido no tempo do que induzidos pela clínica psicanalítica. Daí advém a necessidade de uma Neuropsicanálise mais específica das mais diversas noções de Neurociências, para as quais torna-se indispensável a colaboração de um trabalho conduzido por psicanalistas. A meu ver, a neuropsicanálise não está apenas em vias de formação, mas de definição. A título de exemplo, deveríamos estudar de forma complementar a relação mente/corpo para além da psicossomática tradicional: o *mindbrain* não deve ser separado de um *bodybrain* de mão dupla, e depois de Porges[32] faz-se necessário um *bodybrainmind*. Do contrário, ainda estaremos suscetíveis a ouvir o velho clichê: "De que me servem as neurociências?".

Ao voltarmo-nos às neurociências no panorama aqui traçado, não é pouco o que se pode extrair para a definição de um problema teórico ao qual os analistas se veem enredados, frequentemente sem se dar conta: a memória, e a recordação, esta última não necessariamente distinta de uma memória propriamente dita, criam assim uma confusão que nos impede de abordar teoricamente bastantes problemas; por exemplo, para melhor conhecer o que se considera como trauma. Na prática clínica, os termos "memória" e "recordação" são

31 Resulta que não poucos psicanalistas se deleitam ao ouvir renomados e consagrados neurologistas, desde que façam menção aos antigos modelos de Freud, tomando-os como fundamentos incontestáveis daquilo que conhecemos por psicanálise.

32 Porges (2011, 2017), embora seja pesquisador perspicaz, é um tanto confuso em seus escritos, por isso é fácil deturpá-los e é árduo extrair deles alguma lógica, centrada na primazia de um Corpo que informa um cérebro, sendo por aquele regulado numa espécie de organização adaptativa.

usados como sinônimos: sob o termo "memória", nos referimos tanto àquilo que pensamos ter memorizado, e que, portanto, "deve" estar na memória, quanto ao fato de recordar, como se recordação e memória fossem conceitos sinônimos. Sob essa sinonímia se vislumbra de maneira implícita a noção de que a memória deve e pode recordar, e que a recordação corresponderia de alguma forma à memória. Mas muito frequentemente a recordação não chega a se consumar, pois segundo se diz, "não a alcançamos", e então pensamos na existência de uma memória mais global que "não vem à mente", mas que, todavia, sentimos ou imaginamos: nós a atribuímos ao chamado inconsciente cognitivo, ou seja, a tudo aquilo que aprendemos, afastando-nos de uma explicação mais assertiva; não obstante, não nos furtamos ao interesse em explicá-la; nós a atribuímos genericamente ao cérebro, no qual ela "deveria" estar. Entretanto, recordar consiste em uma ação intermitente de nossa consciência, e sobre esta intermitência temos muitas vezes nos indagado, mas não o suficiente.

A recordação, enquanto função da consciência, intermitente, nem sempre clara, ainda não é "a" memória. A memória pode existir, e permanecer, sem que possamos recordá-la; talvez nunca, como demonstraram alguns achados neurocirúrgicos (Penfield & Rassmussen, 1952); por outro lado, essa consciência pode nos fazer crer ter conservado uma memória e poder evocá-la, como no exemplo das habilidades perdidas (ao longo do tempo, com acidentes, deficiências, senilidade), mas, não obstante, ela já não existe. Se no primeiro caso é lógico pensar que a memória se instala no cérebro, latente em relação à função-consciência, nesse segundo caso somos levados a pensar que ela já não se encontra no cérebro. Isso se relaciona à constante mudança das sinapses e das redes neurais: o cérebro mudou. Mas essa conclusão está longe de ser fácil e acertada. A recordação pode regressar, amiúde de forma inesperada e em intervalos distantes.

Seria necessário, portanto, distinguir a memória da recordação, usando dois termos também distintos: a língua inglesa, neste sentido, faz justamente isso ao utilizar o verbo ativo, "*remembering*", em vez de um substantivo, como a nossa "recordação", que soaria diferente se usássemos um inóspito "recordar" (infinitivo substantivado). O verbo indica uma ação, ou seja, uma função explicativa de um agente: o cérebro, que intervém para originar a consciência. Mas o que seria essa consciência? Uma função implícita do cérebro? Por que e como ela intervém a ponto de manifestar-se na mente? Essa consciência parece indicar a existência de uma memória mesmo quando esta parece não existir, como em muitas psicopatologias senis. Seria esse um dos muitos enganos de nossa consciência reflexiva? De fato, não é tarefa fácil fazer aqui uma distinção entre uma consciência fenomênica, que deveria ser presentificada pela memória, e uma consciência reflexiva, que depende de como a mente de cada indivíduo funciona. Recordemos uma vez mais que absolutamente ninguém tem o cérebro idêntico ao do outro (Ansermet & Magistretti, 2008).

Em todos os seres humanos há uma capacidade de consciência específica da espécie, que Gazzaniga associa ao grande número de módulos presentes no cérebro do *homo sapiens*, e há também uma consciência de cada indivíduo, que depende do como ele construiu seu próprio cérebro. Esta última é particularmente evidente quando é reflexiva, isto é, quando voltada à capacidade de ser mais ou menos ciente da própria introspecção,[33] ou seja, de como e em que medida ela pode nos impedir, ou nos enganar, a respeito da compreensão de nosso próprio modo interior, sobretudo no que diz respeito aos afetos. A consciência reflexiva individual seria particular e singularmente defeituosa, aliás, corrompida pelas vicissitudes adversas da vida, traduzidas em experiências negativas de cada cérebro em sua construção, o que de algum modo impediria a utilização plena de todos os módulos do cérebro humano. No que concerne ao exemplo de uma consciência que nos faz acreditar que temos uma memória que já não existe, poderíamos

33 Quando voltada ao exterior, poderíamos pensar nos limites da chamada inteligência.

pensar que esse déficit se deva a uma degradação biomolecular senil das redes neurais, ao passo que a consciência reflexiva individual interviria, nesse caso, para fornecer uma falsa consciência tranquilizante, de modo a garantir a perpetuação da identidade do próprio *self*. Mas não é fácil distinguir o que, na recordação, é devido a uma consciência fenomênica e o que se atribui à consciência reflexiva do momento, que opera a partir de uma memória relativa a uma consciência fenomênica.

Haveria, portanto, uma consciência por assim dizer natural, consoante à hipótese de Gazzaniga, inerente ao biológico, rudimentar nas minhocas e gradualmente complexa até assumir milhares de "módulos" no cérebro humano, e uma outra consciência, que deriva, a seu modo, como efeito individual, condicionado e limitado, ou ainda, defeituoso, em relação à estrutura global que se pôde construir em determinado indivíduo: a psicanálise a atribuiu, na estrutura afetiva, a conflitos, emoções, simbolizações inconscientes, defesas e demais afetos, e que tentamos, com a análise, melhorá-la. Isso também atestaria a existência de uma função própria do *homo sapiens* que, em maior ou menor grau, seria limitada, ou antes corrompida, pelo fato de que cada indivíduo inevitavelmente passa, ao longo de sua história, por dissabores, certamente amargos, elaborados nas experiências de tipo negativo, com suas correspondentes redes neurais individuais que não permitem à modularidade do *sapiens* explicar todo o seu potencial. Uma hipótese desse tipo dá vazão a projeções sobre o futuro da humanidade: a condição de vida das pessoas poderia implicar experiências corrompidas no cérebro que, por sua vez, agiriam sobre a consciência geral do *homo sapiens*? Para além dessa questão, por ora insolúvel, o tipo de consciência (reflexiva) de cada indivíduo poderia socorrê-lo com uma função desestabilizadora ao garantir uma continuidade do *self* e da identidade, manifestada essencialmente ao nos sentirmos estáveis e seguros, sob a constante sensação de "sermos nós", "seres reais", dotados de um pensamento próprio em toda nossa mente. Somente assim é possível viver, ou melhor, simplesmente "ser".[34] Seria tudo isso obra de uma consciência reflexiva?

O efeito estabilizante reside na negação da discrepância entre a recordação (ou melhor, "o recordar") e aquilo que, por outras vias, permanece "na memória". Indispensável é, portanto, ter claro como o que está "na memória", ou seja, no cérebro, é melhor considerado no funcionamento do próprio cérebro: a recordação é uma função dele e é, vez ou outra exercida – não sabemos exatamente por quais razões – por meio das respectivas redes neurais. Aquilo de que nos recordamos não pode ser senão uma função das redes neurais individuais, do próprio conectoma; o qual e as quais mudam constantemente como resultado da elaboração das possíveis experiências contínuas. Isso explica a intermitência do ato de recordar, acompanhada pelas vivências de que a respectiva memória exista, mesmo que não assuma a forma de recordação. Explica também como esta vivência pode persistir mesmo quando se constata que dela não haja memória alguma; e explica sobretudo o fato de considerarmos que o nosso recordar seja sempre o mesmo: o que "está na memória", o que "deve" estar lá, visto estarmos sempre convencidos de que "recordamos bem". Entretanto, visto que o conectoma muda, não deveríamos nos surpreender com o fato de que nossa recordação também mude, embora acreditemos que ela siga intacta. Não obstante, se alguém pudesse nos demonstrar de maneira irrefutável que a realidade recordada era muito diferente, ou se, anteriormente, o mesmo objeto houvesse deixado prova de que se recordava de maneira diferente, deveríamos nos perguntar: "o que alterou minha recordação?" O que poderia ter "avariado" o que sinto como verdadeiro no presente, como era outrora? Falemos então de trauma.

Hoje sabemos que o cérebro se forma e se transforma, e funciona em suas constantes mudanças: ele se forma pelas sinapses cujas conexões individuais derivam do modo como as experiências, externas,

34 Já se propôs uma "psicanálise do ser" (Fulgencio, 2020) a partir da obra de Winnicott.

venham a ser assimiladas, e em seguida percebidas, transformadas e alteradas, desconstruídas, ou inclusive reconstruídas por "aquele" cérebro, a depender de como ele funciona "naquele" momento com base em todas as experiências (essa "experiência do cérebro" é uma construção ou alteração de redes neurais que tornam possíveis novas funções) precedentes e, de maneira contínua, com base em todas as experiências sucessivas. Isso confirma uma continuidade entre a consciência fenomênica e a consciência reflexiva em uma só dimensão *in continuum*, que permanece inconsciente na subjetividade, e ao mesmo tempo mostra como o cérebro é, pura e simplesmente, "memória": os mesmos eventos que podem ser descritos por essa memória, que poderia denominar-se declarativa, são os mesmos para qualquer memória, inclusive para aquela responsável por todas as habilidades adquiridas (motricidade e, de forma genérica, o chamado inconsciente cognitivo) e para as disposições afetivas,[35] a organização emocional e motivacional, o equilíbrio humoral e somático. Tudo é memória que muda. Mas não nos damos conta disso.

As mudanças são geralmente pequenas, sucessivas, e consciência desempenha bem a sua tarefa tranquilizadora: nos faz crer que a memória não mudou e nos assegura que algo não nos escapou, de modo que possamos sempre nos sentir nós mesmos.[36] Quando a discrepância é grande, a ponto de percebermos ou, mais frequentemente, a ponto dos outros testemunharem a mudança, denunciando uma inesperada anulação ou alteração, falamos de trauma. Isso implica uma ideia da mente como algo estável, quase estático por natureza, de modo que, quando as contas não batem, supomos uma causa que tenha lesado a

35 Mas o que é que ficaria retido na memória daquilo que, se consciente, denominássemos afeto?

36 Uma função semelhante foi descrita por perceptólogos nos anos 1960, resultante de um estudo sobre as ilusões ótico-geométricas: as chamadas pegadinhas perceptivas servem para conferir a continuidade do mundo como prova de manutenção da própria identidade (Kaniza, Vicario, 1968).

suposta normalidade do funcionamento do cérebro.[37] Como traumática, poderia ser adjetivada uma daquelas situações de possível aprendizagem na qual a coparticipação corpórea endócrino-humoral do corpo faz uma intervenção mais pesada na transformação que um cérebro faz de determinada experiência, como sugerido pelo experimento com ratos;[38] mas ainda é dúbia a equiparação entre estresse e trauma.

Constatamos que a recordação pode desaparecer por completo, e para sempre, ou por vezes desaparecer "depois" e, mais ainda, que ela pode mudar, inclusive sendo radicalmente substituída por outra, ao passo que outras pessoas atestam que ela deveria estar em nós ou ser diferente. Musatti (1931) foi quem primeiro se deteve na apreciação desses eventos e outros autores registraram, de forma experimental, fenômenos semelhantes. Entretanto, discute-se o problema como se um fato extraordinário houvesse traumatizado a normalidade, ou melhor, houvesse ferido[39] aquilo que acreditamos ser uma correspondência entre a nossa subjetividade e uma percepção exata com a conservação precisa de uma realidade; porém, ambas as hipóteses não se sustentam. A bem da verdade, percepção exata não existe: quanto à conservação, seria preciso averiguar melhor se experimentos do tipo – e melhor que aqueles de Penfield – evidenciam a permanência de algum vestígio neural sem que um *remembering* nunca venha a ser evocado. Nesse caso, se trataria de uma dificuldade da consciência.

Quer pensemos ter em nossa subjetividade consciente uma memória que não deveria mudar (admitimos, porém, "que o tempo a desgaste"), quer a consideremos inconsciente (tentando fazer com que ela retorne ao nosso *self*), quer a inculquemos no cérebro, deveríamos

---

37 Me remete à metáfora do cérebro como anjo da guarda da normalidade da mente: que bela tranquilidade!

38 Nos experimentos com ratos contatou-se que experiências novas, desde que não estressantes (medidas biológicas), produzem cadeias proteicas no corpo dos neurônios, que podem estabelecer novas conexões, novas sinapses. Cf. Alberini, 2013.

39 Imbasciati, 2006c, 2007 e 2018.

explicar melhor esses eventos tendo em vista a diferença entre essa "memória" e o momento de intervenção da função recordativa: o primeiro passo, numa via um tanto sinuosa, poderia ser evitar usar um ou outro termo para indicar indiferentemente uma e outra coisa (Imbasciati, 2020). Essa tarefa seria, a meu ver, um tanto árdua para os psicanalistas, que no fim consideram-na irrelevante: seria necessária uma referência às neurociências a fim de dissipar o hábito prejudicial de acreditar naquilo que "figura na consciência", sem considerar que ela nos ajuda não somente para "entender" a qualquer custo, mas também para nos assegurar uma continuidade do próprio *self* mesmo nas experiências adversas; a custo, poderíamos dizer, de mentir.

Se ficarmos apenas no plano do que sentimos acontecer "dentro de nós" – algo que poderíamos chamar de consciência falsamente fenomênica de nossa interioridade –, uma indistinção entre o recordar e aquilo que ampla e genericamente chamamos "memória" não explica por que essa última muda: é sempre "nossa", sentimos que ela pertence ao nosso *self* (sempre "na consciência"), então, por que deveria mudar? Somos assim impelidos a buscar uma explicação pensando que essa "nossa" memória foi "lesada", traumatizada. Se em vez de explicações sentidas em nossa subjetividade passássemos a considerar o cérebro, teríamos então uma explicação que surpreenderia nossa consciência à primeira vista, para em seguida nos oferecer uma explicação eficaz. Com efeito, sabemos que o cérebro não é um acervo de películas de filme, e ingênuo, além de genérico e falacioso, é pensar em um centro, ou "centros da memória", como vimos nos parágrafos anteriores: o cérebro é uma construção de redes neurais. E as redes neurais estão em constante mutação. A "misteriosa" função cerebral que chamamos de consciência desencadeia, de tempos em tempos, (como e quando não sabemos) um funcionamento que produz o recordar. Mas, nesse caso, as redes neurais também sofreram mudanças.

Tendo em vista o que até agora sabemos sobre o cérebro e seu funcionamento (na verdade muito pouco, segundo os neurocientistas), a relativa consideração de um funcionamento variável de redes neurais, elas mesmas em constante mudança, se prestaria a explicar o que acontece no nosso vário e difuso *remembering*, incluindo os "traumas". Remete-nos, ainda, a uma constatação básica: o cérebro todo é memória. Não apenas memória de funções que nos produzem imagens de caráter sensorial (que atribuímos ao passado), mas memória dos esquemas operacionais de nossas habilidades, dos esquemas lógicos que nos fazem raciocinar, de todas as ações e noções que aprendemos, e inclusive das emoções que experimentamos, aliás, aquilo que estamos experimentando e seu porquê não figuram nesse momento; dos sentimentos que aprendemos a cultivar – pensemos no quanto aprende um bebê quando, em seu desenvolvimento, estrutura-se a sua afetividade pessoal[40] – e de todas as ações e operações que aprendemos a realizar, dos comportamentos e condutas, das expressões não verbais que aprendemos a comunicar e que podem ser recordadas, e por fim da linguagem verbal; tudo isso imbuído de afetividades: conscientes, inconscientes, nebulosas, aflitivas, mas todavia constituintes, para o bem ou para o mal, do nosso *self*. Além disso, nos explicam por que a nossa estrutura afetiva, o nosso caráter, o nosso pensar mudam com o passar da idade – e com a experiência. O cérebro é, portanto, todo memória, e tudo aquilo que até aqui foi, restritivamente, concebido como memória, que poderia/deveria ser reconhecida em sua constância, não é senão o nosso cérebro, que é substancialmente inconsciente, e mutável, exceto por ter (ou sofrer?) aquela ainda misteriosa função que denominamos consciência: a qual "nos estabiliza". "O inconsciente" seria então a substância da memória: "é" memória – como no título deste ensaio. Um inconsciente que, no cérebro, não é nem afetivo nem cognitivo, visto que essas últimas denominações se referem apenas a alguma dificuldade da consciência que este cérebro vez ou outra produz na mente. Poderíamos dizer que nós somos esse inconsciente-memória. E somente assim podemos ser nós mesmos.

40 Imbasciati, 2018, 2020; Imbasciati & Cena, 2020.

Sob essa perspectiva, uma vez libertos da implícita confusão entre diferentes consciências e diferentes funções, abre-se aos psicanalistas um caminho que pode ser integrado às neurociências numa mais bem definida e colaborativa Neuropsicanálise;[41] e numa formação mais adequada dos futuros psicanalistas na cultura de outras ciências.[42] A clínica poderia extrair benefícios até então inconcebíveis, para além do consolidado "ofício" atual. Em particular, ou melhor, via de regra, o analista poderia estar mais atento e ciente a respeito do uso da interpretação, e, portanto, da verbalidade como meio para "vir a ser mais consciente".

Referências

Alberini, C. (2012). *Memory Reconsolidation.* Elsevier, 2013.

Ammanniti, M., & Gallese, V. (2014). *La nascita dell'intersoggettività.* Raffaello Cortina Editore.

Ansermet, F., & Magistretti, P. (2008). *A ciascuno il suo cervello.* Bollati Boringhieri.

Benzoni, P. (2004). *Cosa si prova a essere un neonato?* Il Saggiatore, Milano.

Bion, W. (1972). Attention and Interpretation. Heinemann. tr. it *Attenzione e interpretazione.* Armando Editore, 1973.

Bottaccioli, F., & Bottaccioli, A. G. (2017). *Psiconeuroendocrinoimmunologia e scienza della cura integrata.* Edra.

41 Imbasciati, 2016a, 2018 e 2019.

42 Os conceitos expostos neste ensaio podem não ser de fácil leitura, visto que são inevitavelmente filtrados pelos preconceitos atávicos de nossa cultura, o verdadeiro inconsciente coletivo. A Consciência, protagonista *in incognito* do que chamamos mente, exerce seu papel por meio daquilo que definimos como "memória". Portanto, uma vez concluída a leitura, uma releitura desse ensaio pode ser de grande utilidade para que se tenha um "senso" da força exercida pelos preconceitos em relação à nossa suposta inteligência.

Cena, L., & Imbasciati, A. (2014). *Neuroscienze e teoria psicoanalitica.* Springer.

Cena, L., Imbasciati, A., & Baldoni, F. (2012). *Prendersi cura dei bambini e dei loro genitori.* Springer.

Cena, L., Imbasciati, A., & Baldoni, F. (2010). *La relazione genitori-bambino.* Springer.

Fonagy, P., & Target, M. (2001). *Psychoanalytic Theories: Perspectives from Developmental Psychopathology.* Routledge.

Fraiberg, S., Adelson, E., & Shapiro, V. (1975). Ghosts in the Nursery. *Journal of the American Academy of Child and Adolescent Psychiatry, 14*(3), 387–421.

Freud, S. (1895). Progetto di una psicologia. In S. Freud, *Opere* (vol. II). Bollati Boringhieri.

Freud, S. (1915). The Unconscious. In *The Standard Edition of the Complete Psychological Works of Sigmund Freud* (Vol. 14, pp. 161-215).

Fulgencio, L. (2020). *Psicanálise do ser.* Editora da Universidade de São Paulo.

Gazzaniga, M. S. (2013). *Chi comanda?* Codice Edizioni.

Gazzaniga, M. S. (2018). *La coscienza è un istinto.* Raffaello Cortina Editore, 2019.

Gazzaniga, M. S. (2010). *Chi comanda? Scienza, mente e libero arbitrio.* Traduzione di Laura Sparaci. Raffaello Cortina Editore.

Gilbert, J. (1989). *Human Nature and suffering.* Erlbaum.

Imbasciati, A., & Cena, L. (2015a). *Psicologia clinica perinatale per gli operatori sanitari e psicosociali* (Vol. I, Neonato e radici della salute mentale). Franco Angeli.

Imbasciati, A. (2020b). *Bodybrainmind: sette lezioni per una neuropsiconalisi.* Mimesis.

Imbasciati, A. (1989). *La consapevolezza.* Edizioni Borla.

Imbasciati, A. (1991). *Affetto e rapprentazione*. Franco Angeli.

Imbasciati, A. (1998). *Nascita e costruzione della mente*. Utet Libreria.

Imbasciati, A. (2001a). Quale inconscio? La costruzione dei processi di simbolizzazione. *Psichiatria e Psicoterapia Analitica*, *20*(2), 125–142.

Imbasciati, A. (2001b). The unconscious as symbolopoiesis. *Psychoanalytic Review*, *88*, 837–873.

Imbasciati, A. (2002a). An explanatory theory for psychoanalysis, internat. *Forum of Psychoanalysis*, *11*(3), 567–596.

Imbasciati, A. (2002b). A psychoanalytic reflection on rereading a cognitivist. Towards an explanatory theory of relationship. *Psychoanalytic Review*, *89*, 595–630.

Imbasciati, A. (2005a). *La sessualità e la teoria energetico-pulsionale*. Franco Angeli.

Imbasciati, A. (2005b). *Psicoanalisi e cognitivismo*. Armando Editore.

Imbasciati, A. (2006a). *Il sistema protomentale: psicoanalisi cognitiva*. L.E.D.

Imbasciati, A. (2006b). *Constructing a mind. A new basis for psychoanalytic theory*. Routledge.

Imbasciati, A. (2006c). Uma explicação da gênese do trauma no quadro da teoria do Protomental. *Revista de Psicanálise da Sociedade Psicanalítica de Porto Alegre*, *XIII*, 75–102.

Imbasciati, A. (2007). Sul concetto di trauma. *Psichiatria e Psicoterapia*, *XXVI*(4), 344–364.

Imbasciati, A. (2010). Towards new metapsychologies. *Psychoanalytic Review*, *97*(1) 73–90.

Imbasciati, A. (2011). La clinica psicoanalitica e l'assetto teorico della psicoanalisi: qual è l'immagine pubblica della psicoanalisi? *Rivista di Psicologia Clinica Italia*, 2, 97–109.

Imbasciati, A. (2012). Una "immagine" per la psicoanalisi: la necessità di teoria. *Rivista di Psicologia Clinica Italia*, 2, 9–16.

Imbasciati, A. (2013a). Quale immagine per la psicoanalisi? Il gap tra teoria e clinica. *Gli Argonauti*, 136, 61–80.

Imbasciati, A. (2013b). *Psicoanalisi senza teoria freudiana*. Edizioni Borla.

Imbasciati, A. (2014a). O objeto da psicanálise mudou? *Revista de Psicanálise da Sociedade Psicanalítica de Porto Alegre*, 1, 11–27.

Imbasciati, A. (2014b). Our future mind: epochal developments of perinatal clinical psychology. *International Journal of Child Health and Nutrition*, 148–155.

Imbasciati, A. (2015). *Nuove teorie sul funzionamento della mente*. Franco Angeli.

Imbasciati, A. (2016a). L'inconscio come memoria e la diffidenza degli psicoa-nalisti verso le Neuroscienze. *G.I.P Giornale Italiano di Psicologia*, *XLII*(1–2), 371–383.

Imbasciati, A. (2016b). L'invenzione della metapsicologia: strumento per spie-gare l'inconscio ai contemporanei: quelli di Freud o i nostri? *Psycofenia*, *XIX*(34), 57–68.

Imbasciati, A. (2017). *Mindbrain psychoanalytic institutions and psychoanalysts*. Karnac.

Imbasciati, A. (2018). Inconscio e coscienza della memoria. Un contributo dalle Neuroscienze. *Psicoterapia e scienze umane*, 4, 563–586.

Imbasciati, A. (2019). *Una vita "con" la psicoanalisi: la costruzione del cervel-lo e il futuro dell'umanità*. Mimesis.

Imbasciati, A. (2020b). *Bodybrainmind: sette lezioni per una neuropsiconalisi*. Mimesis.

Imbasciati, A. (2020a). The unconscious and consciousness of the memory: A contribution from Neuroscience, *International Forum of Psychoanalysis*, 29(2), 115–124.

Imbasciati, A., & Cena, L. (2010). *I bambini e i loro caregivers.* Edizioni Borla, 2009.

Imbasciati, A., & Cena, L. (2015b). *Psicologia clinica perinatale per le professioni sanitarie e psicosociali* (Vol. II: Genitorialità e origini della mente del bambino). Franco Angeli.

Imbasciati, A., & Cena, L. (2017). *Psicologia clinica perinatale* (Vol. III: neuroscienze e psicoanalisi per la prima infanzia). Franco Angeli.

Imbasciati, A., & Cena, L. (2018). *Psicologia clinica perinatale: prevenzione e interventi precoci* (Vol. IV: Il futuro dei primi mille giorni di vita). Franco Angeli.

Imbasciati, A., & Cena, L. (2020). *Psicologia clinica perinatale babycentered* (Vol. V: come si costruisce il cervello). Franco Angeli. Milano.

Imbasciati, A., Dabrassi, F., & Cena, L. (2007). *Psicologia clinica perinatale.* Edizioni Borla.

Imbasciati, A., Dabrassi, F., & Cena, L. (2011). *Psicologia clinica perinatale per lo sviluppo del futuro individuo.* Espress Edizioni.

Kanizsa, G., & Vicario, G. (1968). *Ricerche sperimentali sulla percezione.* Edizioni Università di Trieste.

LeDoux, J. (2002). *Il Sé sinaptico: come il nostro cervello ci fa diventare quelli che siamo.* Raffaello Cortina Editore.

Liotti, G. (1994). *La dimensione interpersonale della coscienza.* Carocci Editore.

Liotti, G. (2002). *Le opere della coscienza.* Carocci Editore.

Meltzer, D. (1981). The kleinian expansion of Freud's metapsychology. *The International Journal of Psychoanalysis,* 62, 177–187.

Merciai, S., & Cannella, B. (2009). *La psicoanalisi nelle terre di confine.* Raffaello Cortina Editore.

Migone, P. (2010). *Terapia psicoanalitica.* Franco Angeli.

Money-Kyrle, R. (1961). *Man's picture of the world*. Duckworth, Londres; tr. it. *All'origine della nostra immagine del mondo*. Armando Editore. 1971.

Musatti, C. L. (1931). *Psicologia della testimonianza*. CEDAM, Padova.

Nagel, T. (1986). *Che effetto fa essere un pipistrello*. Il Saggiatore.

Panksepp, J. (1999). *Affective Neuroscence*. Oxford University Press, 1998.

Penfield, W., & Rassmussen, T. (1952). *The cerebral cortex*. Mac Millan, 1950.

Piontelli, A. (1992). *From fetus to the child*. Routledge.

Porges, S. (2011). *La teoria polivagale*. Giovanni Fioriti Editore.

Porges, S. (2017). *Guida alla teoria polivagale*. Giovanni Fioriti Editore.

Pulver, S. E. (1971). Can affects be unconscious? *The International Journal of Psychoanalysis*, 52, 347–354.

Seung, S. (2012). *Connectoma*. Codice Edizioni.

Solms, M. (2015). *The feeling brain*, tr. it. *Cosa prova il cervello*. Astrolabio Ubaldini Editore.

3. Os afetos e a memória não recordável

Por que não recordamos?

Tanto a psicanálise, desde suas origens e cada vez mais no decurso atual da sua aplicabilidade às crianças e aos bebês com mães, quanto os estudos experimentais do *Infant Research* ao longo dos últimos cinquenta anos, demonstraram como as adversidades vivenciadas pelo ser humano desde seu início, incluindo aqui recém-nascidos e fetos, condicionam o desenvolvimento específico de determinado indivíduo até a idade adulta em suas características mentais, cognitivas, comportamentais, afetivas ou até mesmo de personalidade. Tais descobertas deram lugar aos estudos sobre como o tipo de relação afetiva do ser humano com quem cuida dele (ou deveria ter cuidado) é o meio mais importante, em comparação com às circunstâncias reais, ambientais e tecnológicas, na gênese das próprias características psíquicas: passa-se então a estudar a "relação" nas fases ainda precoces e como as características da relacionalidade vivenciada por cada indivíduo estrutura sua mente, determinando seu desenvolvimento na própria individualidade irrepetível. A partir daí elaboramos e desenvolvemos a *Psicologia Clínica Perinatal*.[1]

Os estudos sobre a aprendizagem têm explorado uma perspectiva evolutiva, com especial atenção à qualidade dos processos de comunicação que podem intercorrer entre os *cuidadores* e as crianças: são esses processos que condicionam o que é aprendido, em oposição a uma suposta objetividade da aprendizagem das situações reais a que a criança é exposta. O termo "afeto", a despeito de sua enorme abrangência, revelou-se um ponto central para a evolução de tais pesquisas. Ele pode ser caracterizado na subjetividade mais ou menos ciente dos adultos, mas as crianças têm pouca consciência dele, sobretudo nos dois ou três primeiros anos de vida: podem revelar o afeto nos comportamentos, mas têm consciência dele e tendem mesmo a negá-lo ou rechaçá-lo. Nem mesmo a criança já em idade mais avançada tem, em contrapartida, consciência alguma do que lhe acontece, tampouco do que sente em seus primeiros três ou quatro anos de vida: o termo "amnésia infantil" indica precisamente esse estado, considerado "natural".

Contudo, se já nos primeiros anos a criança revela comportamentos derivados do tipo de relacionalidade de seu passado (ver estudos sobre o apego e, em particular, sobre os Modelos Operantes Internos), significa que aquilo que ela não se lembra permanece, ainda está na sua memória: mas onde, ou melhor, de que forma? Se não pode ser lembrado, significa que essa é memória não pode ser identificada no plano da consciência que pode se apresentar ao indivíduo, mas, possivelmente, considerando seu plano neural, pode explicar por que é possível encontrar, na clínica, algum efeito no nível comportamental e afetivo.

Os estudos sobre memória são numerosos, mas ainda não são exaustivos para o problema aqui apresentado. Limito-me aqui a

---

1 Imbasciati & Cena, 2010, 2015a, 2015b, 2017, 2018 e 2020.

confrontar a perspectiva sob o plano psicológico, na subjetividade psíquica, com aquela oferecida pelo plano neural. Sobre a primeira, podemos falar de consciente e inconsciente e, com efeito, é assim que a psicanálise estuda as manifestações infantis que denunciam as aquisições mnemônicas precoces. Entretanto, para além dos nominalismos, falar em termos de memória, ao invés de afetos e fantasias inconscientes, é tarefa pouco habitual, além de não tocar no porquê a memória, enquanto tal, não poder ser lembrada; isso sem falar da teoria freudiana do recalque, hoje não mais compartilhada. Por outro lado, a referência à vasta categoria de memória implícita ainda soa genérica. Em busca de uma identificação mais clara dessas "memórias", não podemos deixar de nos voltar para o nível das relações mente/cérebro: eis uma questão perante a qual psicólogos e psicanalistas estão desatualizados e expostos a mal-entendidos oriundos dos velhos preconceitos arraigados em nossa tradição.

A memória da primeira infância é inteiramente infantil no sentido etimológico: "*infans*" é aquele que não fala, a sua memória está para além de qualquer palavra que a possa exprimir ou recordar, mas também não pode ser representada ou configurada de outra forma numa memória qualquer, porque o bebê ainda não tem uma percepção organizada e relativamente estável como a do adulto. O recém-nascido não percebia o mundo como o perceberá alguns meses mais tarde, ou seja, quando ele próprio não era capaz de reconhecê-lo, para poder revê-lo e evocá-lo por meio da recordação. A memória da primeira infância está fora das modalidades que eventualmente possam, de alguma forma, representá-la sensorialmente, como acontece com "aquilo que se recorda".

No plano da exploração no interior da subjetividade, a memória que pode ser atribuída aos afetos na primeira infância não pode ser definida como aquilo a que habitualmente chamamos "recordação", quer visualmente, quer através da linguagem ou de outras modalidades sensoriais. Os afetos na primeira infância podem ser inferidos a partir de pesquisas realizadas, mas o que são esses afetos inferidos se não podem ser lembrados? Pelo menos não o podem numa configuração sensorial, nem sequer com um nome, como acontece com os adultos. Falamos por vezes de uma certa recordação nas produções artísticas, mas nas quais utilizamos um conceito diferente e melhor com o termo "reminiscência". Não se trata, ainda, de uma "recordação", registrável ou referenciável com um mínimo de precisão, carecendo do que comumente se considera implícito no sentido de recordar, ou seja, poder contá-lo – em primeiro lugar para si mesmo – e reportá-lo: por meio da linguagem ou, em todo caso, por imagens visuais ou sonoras suficientemente precisas, de acordo com um código de convenções compartilhadas, por exemplo a escrita alfabética, musical ou ideográfica. A definição do que chamamos recordar está relacionada à sua comunicabilidade: a recordação constitui um modo de contar a si mesmo o que resta daquilo que já não é mais "percebido". Tais eventos dizem respeito à consciência, ou a suas formas e níveis, mas isso não esclarece suficientemente "o porquê" de às vezes não recordarmos, a despeito de estarmos convictos de possuir uma memória, e sequer esclarece, em especial, o motivo pelo qual não recordamos os eventos da primeira infância. O bebê não tinha consciência deles: isso seria suficiente para uma explicação do porquê?

Por outro lado, no âmbito biológico-neural, ainda não se sabe em que consiste essa "consciência", tampouco por que e como ela é acionada no cérebro quando conseguimos evocar recordações. Também não está suficientemente bem explicado se o bebê tem ou não uma consciência, "alguma" consciência e de que tipo, tampouco se ela permite ao bebê relatar a si mesmo alguma recordação quando o seu "*self*" tiver crescido "com" a linguagem (uma linguagem) análoga a de um adulto. Talvez devêssemos simplesmente admitir que a amnésia infantil é a prova do inconsciente e que este se constitui pelos "afetos" que, por sua vez, sob qualquer denominação que se lhes queira dar, são processos inferíveis por analogia, mas não cognoscíveis;

talvez semelhantes ao que se denomina inconsciente cognitivo. Muitas reflexões podem ser feitas a respeito do valor da interpretação psicanalítica (ela produz recordações?), mais do que da participação empática (e corporal) do analista.[2] Aliás, poderíamos concluir com uma definição insólita do inconsciente: o Inconsciente é aquilo que não podemos recordar.

O preconceito da memória = recordação

Uma possível forma de nos vermos livres do impasse de definições incertas e de nominalismos equivocados pode ser encontrada recorrendo-se às neurociências, uma vez que elas nos introduzem à complexidade da relação mente/cérebro. Antes de mais nada, devemos abandonar a onipresente e subjacente ideia de que o que identificamos no âmbito mental, em nossa subjetividade (consciente, é claro, mas "quão consciente?"), tenha uma correspondência com alguma área do cérebro; poderemos, sim, encontrar sempre um ponto no qual uma lesão interfere na função mental examinada, mas não podemos nos ater a um princípio geral localizatório de uma correspondência entre eventos ou funções psíquicas e zonas neurais. O endereço localizatório, prevalente na neurologia do século passado, demonstrou-se insuficiente.[3] Entretanto, mediante um olhar mais atento, notamos que em grande parte dos estudos psicológicos a esse respeito, sobretudo os psicanalíticos, essa ideia[4] subjacente ainda hoje encontra respaldo. Em relação à memória, um preconceito central, ainda bastante difundido em nossa cultura, inclusive naquela que deveria ser

---

2 Imbasciati, 2018, 2019. 2020a, 2020b.

3 Imbasciati, 2017, 2018, 2020a, 2020b.

4 Opera aqui, a meu ver, a tradição espiritualista da filosofia ocidental, consagrada pela religião, como sistema ideológico que não renuncia ao pressuposto de uma confiança irrestrita do que se afigura como lúcido não apenas em nossa consciência, mas também em nossa consciência moral.

científica, se vê atado à concepção localizadora, em que a memória se identifica com a recordação. Na verdade, usamos os dois termos como sinônimos. Nesse sentido, a língua inglesa se sai um pouco melhor, usando, para significar "recordação", o particípio presente de um verbo transitivo (*remembering*), de modo a distinguir uma operação ou função do que pode causá-la, porém mesmo na literatura inglesa, com outros substantivos, parece transparecer uma certa tendência a identificar a memória com sua função (não a única!): o recordar. Quando a memória, muitas vezes contra o que se afigura ao indivíduo como esforço voluntário, não se revela disponível, a despeito da convicção subjetiva de possuir "aquela memória", geralmente se negligencia um estudo sobre as razões desse fenômeno: não se considerando a referência neurológica, muitas vezes nos limitamos a invocar a consciência como fato óbvio, sem maiores esclarecimentos.

O termo "consciência", aliás, não é esclarecedor, porque ainda não se sabe bem o que caracteriza a função, ou melhor, as funções indicadas sob essa denominação, tampouco pelo que as funções explicam no cérebro (Gazzaniga, 2018). Além disso, nota-se que a cultura atual, sobretudo a italiana, não conta com a distinção inglesa entre "*consciousness*" e "*conscience*". A ideia a que se refere o termo "consciência" é extremamente confusa: conscientização (*consapevolezza*), consciência (*coscienza*) moral, capacidade introspectiva, consciência segundo a acepção médica, a que indica apenas um pequeno vislumbre de reconhecer-se no ambiente, em oposição à chamada perda de consciência (Imbasciati, 1989). Na psicanálise, o termo "consciência" refere-se à chamada "consciência reflexiva", ou seja, à capacidade que temos de sentir e reconhecer sentimentos, afetos, movimentos da "alma", emoções etc., sob várias designações, sublinhando os limites e os enganos do que aparece subjetivamente, supostamente devido ao que se designa por "angústias, conflitos, defesas" etc. Esta qualificação da consciência introduzida pela psicanálise entrou na cultura geral, criando mal-entendidos sobre o significado a dar ao termo "consciência" quando este é usado numa acepção genérica. Na neurociência, por outro lado, a consciência fenomenal, ou seja, voltada para fora, é considerada intrínseca à mente e inerente à matéria e à distribuição das redes neurais; como na teoria modular de Gazzaniga (2018).

Voltando ao problema sobre as razões pelas quais sucumbimos à noção de que a memória está suscetível a ser recordada, a sinonímia linguística denuncia e, ao mesmo tempo, esconde a ideia de que a memória possa, ou deva, coincidir com a recordação, numa confusão entre o plano mental e o plano neural, rendendo-se à ideia de cunho mais genérico segundo a qual o que está na mente é homologável e corresponde ao que acontece em algum lugar do cérebro. Isso nos remete ao preconceito localizatório, ou seja, ao fato de que existe uma correspondência entre funções que identificamos no plano mental e zonas cerebrais que exerceriam essas funções psíquicas.

Com base nesses mal-entendidos, generalizou-se o termo "memória traumática" a todos os casos nos quais se constata um desaparecimento ou uma severa alteração da recordação em relação ao que, por outras vias, havia se mostrado passível de ser recordável: essa terminologia contém a ideia de que a memória "normal" possa ser recordada "como era", a menos que ela tenha sido danificada por um "trauma". O desaparecimento, a ausência ou a alteração da recordação são considerados, indistintamente, como patológicos (Imbasciati, 2007).

Trata-se justamente do contrário, a memória muda e as neurociências nos mostram como ela muda sempre e constantemente, muito embora, frequentemente, ela sofra pequenas alterações sem que nos apercebamos – exceto quando a mudança é evidente ou comprovada por outros elementos. Em geral, costumamos alegar que não nos lembramos bem de algo, ou que "nos equivocamos", ao invés de constatar pura e simplesmente que nossa memória mudou. Ignorar esse fenômeno presente em nossa subjetividade é uma espécie de preconceito negativo, que mantém outros preconceitos, em particular, o de que a memória corresponderia à recordação e de que ela "não deveria" sofrer alterações. Essa ideia subjacente persiste ainda hoje, apesar das pesquisas experimentais demonstrarem o contrário há quase um século: evoco aqui os experimentos de Bartlett (1932) e a "Psicologia do Testemunho" de Musatti (1931). Podemos, portanto, afirmar que persiste uma concepção obstinada e ludibriante de que a recordação é "mais ou menos" lembrada: com esta última alegação escondemos a nossa negligência perante os resultados científicos, preservando ideias já obsoletas. O estado atual das neurociências deveria, uma vez mais e de forma mais incisiva, desmistificá-las.

O cérebro é a memória

Uma vez abandonado – pelos menos no âmbito científico – o princípio localizatório de uma correspondência homologável entre mente e cérebro, as atenções das neurociências estão hoje centradas não mais nos neurônios, mas nas redes neurais, na infinidade de sinapses disseminadas nas mais variadas regiões do cérebro e também do próprio corpo. "Nós somos nossas sinapses", como nos disse LeDoux (2002, 2020), ou "nós somos nosso conectoma", como afirma Seung (2012). Com este último termo, o autor refere-se ao conjunto de conexões sinápticas que caracterizam um determinado indivíduo. Esse "conectoma" é diferente em cada indivíduo. O cérebro de fato se "constrói" progressiva e distintamente em cada indivíduo, segundo a forma como consegue, em cada um dos seus momentos de desenvolvimento, processar as aferências que lhe chegam e produzir as sinapses,[5] ou seja, novas ou renovadas redes neurais. Isto posto – e que na verdade é algo muito mais complexo do que essa breve descrição –, é possível afirmar que o cérebro "experimenta" antes mesmo que o indivíduo, ou melhor,

---

5 Nos experimentos com ratos (Alberini, 2013) é possível ver como, dentro de uma janela temporal e numa situação média de nível de estresse do animal, uma aferência que chega a um neurônio produz nele cadeias moleculares que estabelecem novos contatos.

antes que seja possível detectar na pessoa alguma alteração que denuncie a experiência no plano mental; o cérebro faz a experiência, à medida que nele se produz qualquer mínima alteração, e isso pode gerar o que poderíamos chamar de experiência da pessoa, desde que seja detectável na consciência – ou detectável indiretamente. Cada desenvolvimento neural e mental é singular: nenhuma pessoa tem o cérebro igual ao de outra; Ansermet e Magistretti intitulam seu texto mais famoso como *A cada qual o seu cérebro* (2008).

Cada situação ambiental está suscetível a estimular os dispositivos sensoriais de um animal, gerando impulsos bioelétricos que aferem – eis as aferências – os gânglios neurais e daí, ou mesmo diretamente, o cérebro. As aferências dependem da qualidade (sensibilidade) dos dispositivos ("sondas sensoriais") que respondem a variações do agente físico que, por sua vez, pode estimulá-las:[6] o cérebro que as recebe, organiza essas aferências de acordo com a funcionalidade construída pela sua experiência anterior (ou seja, das redes anteriormente construídas), em um processo "em cascata" ou "efeito dominó".[7] Esta organização depende de como cada cérebro (de determinada espécie animal) aprendeu seu modo específico de perceber.[8] Eis como se constrói o *bodybrainmind* (Imbasciati, 2020a). A singularidade do cérebro é compreendida no interior de cada espécie animal,

6 Por exemplo, as galinhas não detectam as cores como os seres humanos, uma vez que sua retina é diferente. Nagel (1986) escreveu o famoso artigo "Como é ser um morcego" em estrita relação a uma infinidade de sondas sensoriais que captam ultrassons. O ser humano vive em um mundo predominantemente visual, os cães, em um mundo olfativo, já os morcegos, em um mundo sonoro.

7 Imbasciati & Cena, 2020; Imbasciati, 2020a, 2020b.

8 Sublinho que a "percepção" propriamente dita não deve ser confundida com uma recepção, nem com uma "sensorialidade" (Imbasciati, 1998), tampouco entendida no sentido genérico da língua italiana, que muitas vezes serve para esconder o preconceito de que se trata de um processo mais do que simples, natural, automático. Percepção, em sua própria acepção científica, é a organização que determinado cérebro de determinado animal (incluindo o homem), em determinado momento de seu desenvolvimento, estabelece em virtude da melhor sobrevivência (adaptação).

sem prejuízo das redes geneticamente determinadas de cada espécie: na verdade, muito poucas se comparadas àquelas construídas individualmente, sobretudo no gênero humano. Consideremos, por exemplo, as redes identificadas no tronco encefálico dos vertebrados por Panksepp (1999), na origem das "sete motivações fundamentais".

O que se define por experiência de um indivíduo não deve ser, portanto, entendido como algo correspondente às circunstâncias externas a que um indivíduo é exposto, e que poderiam ser filmadas, e sim como a elaboração que determinado cérebro faz das aferências que recebe e que aprendeu a organizar em percepções, e estas, por sua vez, em múltiplas novas organizações vinculadas às experiências anteriores; em um arranjo que poderá produzir sua experiência pessoal no plano mental daquele indivíduo. A experiência pessoal, no plano psíquico, corresponde ao que, em outros termos, estuda-se como aprendizagem e capacidade de adaptação, ao que passo que, no plano neural, para além de qualquer suposta correspondência, deve-se considerar como foram recebidas e, em seguida, elaboradas as aferências na formação de novas sinapses e na alteração das respectivas redes neurais. Como mudam e o que isso produz, eis o que está para ser estudado. A experiência do cérebro é um fato intrinsecamente biológico, todavia singular de determinado cérebro, inclusive dentro da mesma espécie. Na verdade, como o conjunto aferente está organizado de acordo com as modalidades anteriormente adquiridas por aquele cérebro, resulta que não apenas cada experiência (do cérebro) depende das anteriores – o que aumenta a diferenciação de cada cérebro individual –, mas também que estas sucessões de experiências variam com a progressão do tempo, visto que as experiências seguem acontecendo e que cada uma delas altera o modo de funcionamento do cérebro nas experiências posteriores. Sabemos fartamente que uma criança de três meses não percebe e não tem a mesma "experiência" que terá com um ano, ou quando tiver dois, ou onze, e assim sucessivamente, para todas as idades, mesmo que tais diferenças diminuam.

Desde o início desta sequência de eventos neurais "em cascata" (Imbasciati, 2020a) há uma contínua criação e alteração das sinapses: o conjunto delas, isto é, de todas as conexões (conectomas) produz, momento a momento, idade por idade, a mente de determinado indivíduo. No âmbito molecular, como no experimento com ratos,[9] verifica-se que, dentro de uma janela temporal e sob um nível emocional médio (nível de estresse), um conjunto aferente oriundo de um *impacto* que estimula a exploração, gera uma proliferação de cadeias proteicas pelo neurônio que, por sua vez, poderá estabelecer novas sinapses em conexões que podem alterar a rede neural. Portanto, toda variação ambiental capaz de produzir aferências pode ser processada em uma "experiência" suscetível de produzir sinapses (ou soltar ou eliminar outras), alterando assim o conectoma. Tudo isso é, na verdade, a "memória": no cérebro.[10]

O cérebro é todo memória:[11] pensemos em toda memória motora ou qualquer "coisa" que aprendemos, incluindo as formas de aprender a aprender, a capacidade de conectar entre si as várias ideias oriundas de todas as aprendizagens: toda memória que está em constante mudança sem que a percebamos, sem que nada possa ser percebido, exceto nos momentos em que a ainda misteriosa "Consciência" intervém para nos iluminar com alguma "impressão", ou emoção (dependendo de como esta seja definida), ou mais claramente, com o que chamamos de recordação.

---

9 Alberini, 2013 e 2014; Imbasciati, 2018.

10 Imbasciati, 2016, 2018, 2020b e 2020c.

11 Pensemos em toda memória motora, em qualquer coisa que aprendemos, em como as aprendizagens se conectam entre si, em qualquer reminiscência de imagens, impressões e, sobretudo, afetos; até a construção daquilo que denominamos capacidade de raciocinar, nas expressões típicas do ser humano.

Memória e incomunicabilidade de uma eventual recordação

Como já observado, a definição de "recordação" implica que ela possa ser relatada ou mais ou menos representada a nós mesmos ou ao próximo: consideremos agora como essa comunicação (relato ou qualquer outra representação sensorial de compreensão sociocultural compartilhada por um grupo) pode ser concebida na infância, a começar pelo recém-nascido, ou mesmo pelo feto. Hoje sabemos, graças ao *Infant Research*, que um bebê de poucos meses é condicionado, ao longo de todo seu desenvolvimento, pela qualidade dos afetos emanados, por vezes transmitidos ou, ainda, intercambiados com os *cuidadores*, mas o que seria uma comunicação dos afetos? Pode-se descrevê-la como um conjunto de sinais corporais emitidos pelos *cuidadores* e recebidos pelo bebê, predominantemente, por meio dos canais táteis, proprioceptivo-motores, vestibulares, térmicos, olfativos, e posteriormente visuais, os quais não são, porém, tomados individualmente, e sim pelo significado global que o cérebro daquele bebê organiza, distinta e sucessivamente, como "experiências", responsáveis por estruturar o próprio cérebro. O que o cérebro desse bebê faz com isso remonta a seu tempo pretérito, neonatal ou inclusive antes, na fase fetal: na qual, porém, sabemos cada vez menos como esse cérebro foi construído[12] e o que ele teve de organizar. Faz-se necessário, então, um segundo questionamento: como pode essa memória, tão pouco definível e tão variável, ser "relatada" em alguma recordação?

O componente visual supramencionado é secundário no bebê,[13] e além disso depende do estado de organização daquilo que torna-se percepção nesse recém-nascido e, em todo caso, nesse "*infans*".

---

12 Imbasciati, 2013, 2019 e 2020; Imbasciati & Cena, 2018 e 2020.

13 Em nossa cultura, é comum ouvir dizer que "a visão" se imporia de forma perfeita e acabada durante o nascimento: mas não se trata de uma "visão" efetiva, uma vez que as aferências ainda não estão organizadas e tal organização ocorrerá gradualmente

Sublinhamos como um recém-nascido não percebe como virá a perceber, segundo organizações aferenciais progressivamente diversas quando tiver um ano e, consequentemente, quando tiver dois, e assim sucessivamente.[14] Portanto, se considerarmos a visão como um dos principais meios para a transmissibilidade "relatada", nos deparamos não com uma visão como a de uma criança ou de um adulto, mas sim com diversas capacidades rudimentares e progressivas que conferem uma organização, na ocasião propícia à adaptação, às aferências retinais que foram recebidas. Portanto, nesse estágio, um componente visual definido, a ponto de ser recordado de forma compreensível por um adulto (que deseja "recordar"), não pode ser simplesmente inserido na memória. Trata-se, antes, de sucessivas e graduais "inserções na memória", para as quais terão sido operadas sucessivas transformações nas redes sinápticas, todavia não suscetíveis de serem traduzidas em recordações reconhecíveis como tais na idade adulta. Talvez seja possível apreender fantasmas sombrios, sonhos, ou melhor, estranhas sensações oníricas, sem nenhum sentido que permita fazer com que sejam "relatadas" de alguma forma.[15]

Tal fenômeno incidirá de forma ainda mais intensa no feto, uma vez que seu componente visual está praticamente ausente (há apenas luz e sombra), enquanto subsistem outras organizações perceptivas: mas o que faz com que uma memória de percepção tátil, olfativa ou térmica seja impossível de ser "relatada"? Ora, antes de mais nada,

---

nos meses seguintes, transformando paulatinamente a organização, de modo a atingir, em cerca de dois anos, algo comparável ao que se denomina "visão".

14 Um outro preconceito reside no fato, errôneo, de que a percepção seja sempre a mesma, enquanto processo simples, automático, natural, confundindo-se assim a proveniência sensorial das aferências com a sua elaboração que, por sua vez, pouco a pouco constrói uma percepção, a cada momento distinta de indivíduo para indivíduo, variando em um mesmo indivíduo ao longo do tempo.

15 Tudo isso no intuito de estabelecer uma correspondência entre o que se recebia e, talvez, se sentia, e aquilo que, mais tarde, poderá ser reconhecido como tal e capaz de se repetir em alguma recordação.

essa memória também sofrerá mudanças durante as sucessivas e distintas organizações engendradas na transição de feto à criança que cresce – cujo cérebro também muda.

Devemos concluir, portanto, que os assim chamados afetos, ainda em suas primícias no *infans*, e importantíssimos ao longo de todo desenvolvimento psíquico da pessoa, são, por natureza, não recordáveis. Talvez algum fragmento visual obtido com mais de dois anos possa ter permanecido na memória, sob alguma forma perceptualmente compreensível mesmo numa idade mais adulta e, portanto, suscetível a produzir mais tarde alguma recordação.

Nas considerações supramencionadas – levadas a cabo a partir da relação mente-cérebro – encontram-se, a meu ver, as razões factíveis da memória não recordável que, de maneira açodada, consagrou-se sob a alcunha de "amnésia infantil". Podemos obter uma comunicação dela, ou melhor, uma sinalização probatória, tão somente com determinadas condutas que se manifestam ao longo da vida de determinada pessoa. Em suas formas de apego, em seus respectivos Modelos Operantes Internos (MOI), nas estratégias cognitivas, na relação com seus pares e, por fim, na relação com seus filhos. E claro, num desenvolvimento ainda futuro das neurociências. A conclusão que por ora podemos ter é que o desenvolvimento do cérebro na primeira infância não acomoda os tipos de comunicação convencionalmente utilizados pelos adultos. Podemos repetir o velho ditado, segundo o qual as palavras não servem para os bebês; bem como todas aquelas boas intenções da velha pedagogia concebidas como "raciocínios", e que permanecem escravas da comunicação linguística desenvolvida pelo *Homo Sapiens*.

Referências

Alberini, C. (2013). *Memory reconsolidation*. In C. M. Alberini, S. A. Johnson, X. Ye. *Memory Reconsolidation: Lingering Consolidation and the Dynamic Memory Trace*. Elsevier.

Alberini, C. (2014). *Memoria: traccia fragile e dinamica.* In L. Cena, A. Imbasciati, *Neuroscienze e teoria psicoanalitica*. Springer.

Ansermet, F., & Magistretti, P. (2008). *A ciascuno il suo cervello*. Bollati Boringhieri.

Bartlett, F. C. (1932). *Remembering: a study in experimental and social psychology*, Cambridge University Press, 2010; tr. it. *La memoria*. Franco Angeli, 1974.

Gazzaniga, M. (2018). *La coscienza è un istinto.* Raffaello Cortina Editore, 2019.

Imbasciati, A. (1989). *La consapevolezza.* Edizioni Borla.

Imbasciati, A. (1998). *Nascita e costruzione della mente.* Utet Libreria.

Imbasciati, A. (2007). Sul concetto di trauma. *Psichiatria e Psicoterapia*, *XXVI*(4), 344-364.

Imbasciati, A. (2013). *Dalla strega di Freud alla nuova metapsicologia.* Franco Angeli.

Imbasciati, A. (2016). L'inconscio come memoria e la diffidenza degli psicoa-nalisti verso le Neuroscienze. *G.I.P Giornale Italiano di Psicologia*, *XLII*(1–2), 371-383.

Imbasciati, A. (2018). Inconscio e coscienza della memoria. *Psicoterapia e Scienze Umane*, 4, 563-586.

Imbasciati, A. (2019). *Una vita con la psicoanalisi: la costruzione del cervello e il futuro dell'Umanità.* Mimesis.

Imbasciati, A. (2020a). *Bodybrainmind: sette lezioni per una neuropsicoanalisi.* Mimesis.

Imbasciati, A. (2020b). The unconscious and the memory: a contribution from Neuroscience. *International Forum of Psychoanalysis*, 29(2), 115-124.

Imbasciati, A. (2020c). *Con quale coscienza esploriamo l'inconscio: gli affetti e la mente non ricordabile*, In A. M. Nicolò, G. Giustino, M. Vigna-Taglianti. *La mente sensoriale e lo spettro allucinatorio.* Franco Angeli.

Imbasciati, A., & Cena, L. (2010). *I bambini e i loro caregivers*. Edizioni Borla.

Imbasciati, A., & Cena, L. (2015a). *Psicologia clinica perinatale per gli operatori sanitari e psicosociali* (Vol. I. Neonato e radici della salute mentale). Franco Angeli.

Imbasciati, A., & Cena, L. (2015b). *Psicologia clinica perinatale per le professioni sanitarie e psicosociali* (Vol. II. Genitorialità e origini della mente del bambino). Franco Angeli.

Imbasciati, A., & Cena, L. (2017). Psicologia clinica perinatale (Vol. III: neuroscienze e psicoanalisi per la prima infanzia). Franco Angeli.

Imbasciati, A., & Cena, L. (2018). *Psicologia clinica perinatale: prevenzione e interventi precoci* (Vol. IV: Il futuro dei primi mille giorni di vita). Franco Angeli.

Imbasciati, A., & Cena, L. (2020). *Psicologia clinica perinatale babycentered* (Vol. V: come si costruisce il cervello). Franco Angeli.

LeDoux, J. (2002). *Il Sé sinaptico: come il nostro cervello ci fa diventare quelli che siamo*. Raffaello Cortina Editore.

LeDoux, J. (2020). *Lunga storia di noi stessi: come il cervello è diventato cosciente*. Raffaello Cortina Editore.

Musatti, C. L. (1931). *Psicologia della testimonianza*. Pádua. CEDAM.

Nagel, T. (1986). *Che effetto fa essere un pipistrello?* Il Saggiatore.

Nicolò, A. M., Giustino, G., & Vigna-Taglianti, M. (2022). *La mente sensoriale e lo spettro allucinatorio*. Franco Angeli.

Panksepp, J. (1999). *Affective Neuroscience*. Oxford University Press, 1998.

Seung, S. (2012). *Connectoma*. Codice Edizioni.

4. A construção do *bodybrainmind*

O conceito de mente e nossos preconceitos

Sabemos, graças à Psicologia Clínica, em particular à psicanálise e sua aplicação terapêutica em distúrbios detectados pelas mães em seus bebês e crianças (ou seja, por uma Psicologia Clínica que não é medicamente concebida como "psicologia clínica"),[1] que os primeiros acontecimentos na vida de cada indivíduo condicionam, para o bem ou para o mal – não uso o termo "patologia" por considerá-lo sorrateiro[2] – seu desenvolvimento psíquico, a estrutura da sua futura pessoa [*persona*], a sua "mente". Nesta Psicologia Clínica evidenciou-se, há mais de um século, que os chamados eventos não dizem respeito, de forma simplista, a eventos exteriores e objetivos do ambiente de vida,

---

1 Devemos a Cesare Livio Musatti, Mestre da Psicologia italiana, a distinção entre a Psicologia Clínica e a clínica psicológica. A propósito, convém se inteirar do longo debate travado na *Rivista di Psicologia Clinica* (Imbasciati, 2006).

2 Sorrateiro porque alimenta o preconceito médico, fundado na concepção da existência de uma mente, por natureza, normal, contanto que não sobrevenha algo que lhe seja estranho.

mas a situações internas, de eventos relacionais com a mãe e outros *cuidadores*, a começar pela fase fetal e, em seguida, com a família; e que esta relacionalidade implica essencialmente as relações afetivas em sua interioridade: ou melhor, aquilo que nós adultos chamamos de "afetividade" e que, por sua vez, nem sempre corresponde, no sentido atual, a uma efetiva situação emocional apreendida pelo indivíduo.

Nesse campo de estudo e em demais pesquisas clínicas já consolidadas em minha Escola nos últimos quarenta anos – antes em Turim, atualmente em Bréscia –, fomos gradualmente desenvolvendo e promovendo uma Psicologia Perinatal que substitui a velha concepção médica de uma aplicação psicoterapêutica mais ou menos genérica aos eventuais transtornos psíquicos da gestante e puérpera, mas que essencialmente se detenha nos eventos primários e relacionais de cada bebê já a partir de seu estágio fetal – que por sua vez constituem a raiz qualitativa de seu futuro desenvolvimento psíquico –, ou seja, antes em seu bem-estar que em seu eventual sofrimento futuro. Trata-se de uma *Psicologia Clínica Perinatal Babycentered* (Imbasciati & Cena, 2020) como o próprio nome já diz, ou seja, o estudo da perinatalidade como período de vida de cada indivíduo, feto, recém-nascido, criança; obviamente, em sua relação com a mãe, ou melhor, com todos os seus *cuidadores*.

É precisamente nesse período perinatal que se constroem, nas relações afetivas, os (alicerces) da mente, sobre os quais se assentarão as bases de todo seu desenvolvimento futuro. Não se pode atribuir esse desenvolvimento, de maneira simplista, à natureza, e sim à experiência vivenciada por cada indivíduo em suas relações afetivas: a estrutura afetiva primorosamente individual de cada pessoa vem a ser construída mediante uma aprendizagem dos afetos nas relações primárias e tal estrutura condicionará toda a sua aprendizagem futura.[3] A mente, portanto, em sua totalidade, consciente ou inconsciente,

---

3 Em nossa cultura, o termo "aprendizagem" e o verbo "aprender" foram durante séculos entendidos apenas em relação às crianças a partir dos cinco anos de idade, excluindo-se do conceito de mente tudo o que dissesse respeito aos afetos.

de forma manifesta ou oculta nos comportamentos ou no próprio soma, é construída pelas experiências enquanto estrutura funcional do cérebro de um indivíduo: isto significa que é preciso considerar que tipo de experiência o cérebro promove a partir dos eventos por que passa esse mesmo indivíduo. As neurociências estudam como o cérebro aprende a cada evento de vida, primordialmente aqueles afetivos, isto é, o que acontece no cérebro quando se constata que uma pessoa – nesse caso um recém-nascido/criança – aprende.

A conexão clinicamente constatada entre os dados anamnésicos de um indivíduo em sua relação com os familiares e o ambiente, a partir do período fetal-infantil até a adolescência, e a especificidade de seu desenvolvimento psíquico, ou seja, da mente dessa pessoa, respaldam cientificamente o que hoje sabemos sobre a relação mente-cérebro. Devido a essa relação estrita e complexa, disseminou-se o termo *mindbrain*. Contudo, persistem em nossa cultura atual muitos preconceitos, herdados da tradição, e que apenas prejudicam a assimilação de tudo que as neurociências descobriram nas últimas décadas, e, claro, do que ela ainda persegue como objeto de pesquisa.

O cérebro não é igual para todos, exceto em sua macromorfologia, mas na microbiologia e, consequentemente, na sua funcionalidade, são primorosamente individuais. O cérebro é construído individualmente em virtude de quanto "um" cérebro aprende, ou melhor, em função do quanto esse cérebro consegue elaborar a partir das experiências vividas por cada indivíduo.

Na nossa cultura prevalecem preconceitos profundamente enraizados que nos impedem de ter consciência do que é uma mente, apesar de termos adquirido racionalmente as noções científicas relevantes [para isto]. O "preconceito", como tem sido estudado há quase cem anos na Psicologia Social, por ora pode ser sumariamente descrito como uma convicção íntima de um conjunto de ideias sustentadas por afetos desconhecidos do indivíduo, prontamente negadas por aqueles que, contraditoriamente, e sem se dar conta, a manifestam em sua própria conduta. Portanto, árdua é a tarefa de eliminar os preconceitos que invalidam o que se considera acertado e aceito. É como se as noções adquiridas fossem deixadas de lado por uma mente que, alternativamente, passasse a operar a partir de outras noções. A escassa consciência de qual ideia precisa ser colocada em primeiro plano permite ocultar as eventuais contradições, inclusive aquelas presentes nos interstícios entre um preconceito e outro.

Sobre o conceito de mente pesa a herança filosófico-religiosa ocidental (a mente como "espírito") e a atribuição à mente do que o indivíduo pensa que pensa ("em consciência"), daquilo que se compreende, bem como do que está suscetível a ser compreendido e de poder ser capaz de recordar. Com base nesse preconceito, o conceito de mente coincide com o que toda pessoa pensa que sabe, e ao mesmo tempo crê que todos partilhem dessa ideia de "mente". Portanto, segundo essa concepção, passa-se a considerá-la como pertencente à ordem da Natureza. Operando-se sob esse preconceito, exclui-se implicitamente tanto o que cada indivíduo aprendeu singularmente quanto o que está em condições de aprender; subjaz aqui a noção de que a mente seja invariavelmente igual para todos. Daí advém a existência hipotética de uma mente "normal", regida por um cérebro normal: ambos naturais. Dessa forma, abstém-se de considerar o quanto cada indivíduo aprende, mas tal contradição é ofuscada e negligenciada numa aproximação desses conceitos pautados pelo preconceito. Além disso, dá-se como certo que a subjetividade introspectiva de cada um seja objetiva, isto é, que represente objetivamente o que acontece dentro de si, em pensamentos, intenções, sentimentos e afetos. Isto é absolutamente falso, como demonstrado nesses cem anos de desenvolvimento da psicanálise depois de Freud: tudo que deixamos entrever sobre nós mesmos é, via de regra, completamente enganoso.[4]

4 No mais, diz-se que "ninguém é o pior juiz de si mesmo".

Na verdade, cada ser humano aprende, a partir do estágio fetal, de forma "singular", ou seja, aprendendo a como se ajustar em relação a cada mãe com a qual se encontra, e à qual deve se adaptar: é de conhecimento geral o diálogo motor que se estabelece entre mãe e feto. Mais evidentemente manifesta-se na aprendizagem após o nascimento, em uma funcionalidade adaptativa. O recém-nascido aprende a olhar e a se mover, a como se mover coordenando progressivamente seus movimentos em relação ao ambiente, a agarrar algo e depois a rolar, engatinhar, até conseguir se levantar e andar; e, em seguida, a adquirir outras habilidades. Aprende sobretudo a reconhecer movimentos e ações "daquilo" que o vincula a quem dele cuida, isto é, aprende o que nós adultos denominamos afeto, mas que no bebê permanece e permanecerá desconhecido, embora atue nos comportamentos que está aprendendo e organizando, ainda inomináveis, visto que lhe falta consciência, bem como linguagem. Entretanto, tais aprendizagens permanecem na memória, como de expressões motoras, emocionais, corporais, recíprocas com quem cuida deles. Isso é clinicamente comprovado pelo fato de que as experiências mais primitivas deixam algo "na memória", aquilo que jamais será "recordado" mas que, todavia, marcará seu destino futuro, no caráter que a sua mente em construção poderá elaborar ao longo dos eventos de sua vida.

Além disso, o recém-nascido, e depois a criança, aprendem a percepção: ela não é inata, nem inerente aos órgãos sensoriais, tampouco comparável àquela dos adultos, mas também ela deve ser aprendida. Este último aspecto da aprendizagem neonatal merece uma atenção especial. A percepção, ao contrário do que habitual e preconceituosamente se entende, não é uma faculdade que se desenvolve automaticamente pelo genoma, tampouco deve ser atribuída ao que apontam os chamados órgãos sensoriais: estes enviam meros impulsos bioelétricos que o cérebro deve organizar até que assumam um sentido. Convém que aprendamos: isso quer dizer que o cérebro adquire a capacidade de poder elaborar enormes quantidades de sutilíssimas correntes bioelétricas que lhe chegam constantemente de cada sensor corpóreo, de modo que sua elaboração tenha alguma utilidade para a sua adaptação. Isso significa entender algo daquilo que acontece em nosso entorno.

Esta aprendizagem do cérebro ocorre gradualmente, sob progressivas e constantemente alteradas redes neurais, como se constata nas capacidades graduais adquiridas pelo recém-nascido. Um bebê de dois ou três meses aprendeu a "olhar", mas isso não significa que ele vê o mundo como o verá ao completar um ano; com dois anos, perceberá aquele mesmo "mundo" de forma distinta ao que via há um ano; e assim sucessivamente, até a idade mais adulta, de modo inseparável daquilo que chamamos cognição (Imbasciati, 2005), ou melhor, aquisição da capacidade de cognição. "Olhar" significa apenas aprender a dirigir o globo ocular e os órgãos internos do dioptro, mas não significa ver: esse último resultado implica ter adquirido (aprendido) a capacidade de organizar as aferências neurais de diversas partes de uma miríade de receptores retinianos, de modo a poder ajustar-se de forma eficaz àquilo que está começando a perceber com uma percepção suficientemente adequada sobre como se lhe afigura o mundo, ou seja, de modo que ele possa vê-lo com a maior nitidez possível. Chamamos essa última de "adaptação", ao passo que aquela outra, nesse preciso estágio, de "percepção".

Por conseguinte, a percepção deve ser aprendida. Aplicamos esse mesmo processo a todos os outros "sentidos".[5] Chamamos isso de "cognição": a função adaptativa por excelência, que o gênero humano levou muitos milênios para desenvolver.[6] Adquire-se cognição do mundo que nos cerca à medida que o cérebro aprende a organizar

5 Imbasciati, 1998, 2005, 2018 e 2020.

6 Um desenvolvimento dessa natureza indica que houve aprendizagens ao longo de milênios, durante os quais se inscreveram epigeneticamente no genoma.

uma percepção que permita viver da melhor forma possível no mundo como ele se mostra.[7]

A criança também aprende a falar em uma língua compartilhada: assim ela pode expandir e forjar todas as outras formas de percepção que se tornam cognição. Tudo é aprendizagem em virtude de como um ser vivo se adapta ao mundo no qual ele se encontra: toda cognição é "mente". A maior parte dessa mente se automatiza, ou seja, é colocada automaticamente em funcionamento a cada vez que seja útil e apropriado, sem que nos demos conta: isso não exclui que tudo constitua a mente, mais precisamente, que tudo o que foi aprendido, enquanto "aprendido", de alguma forma, tenha sido inserido na memória. Automatização quer dizer que as aprendizagens mais variadas foram organizadas em uma memória que, a cada instante, corresponde à cognição do momento de forma adaptativa, ou seja, colocando em operação as sequências de ações e/ou pensamentos que naquele preciso momento se prospectam necessárias: tudo isso independentemente do fato de tal memória ser passível de recordação. Todos os automatismos das diversas memórias motoras automatizadas – pensemos em habilidades mais complexas – são "mente", assim como também o são aquelas que dizem respeito à capacidade adquirida de cognição abstrata, de conexão imediata de noções conhecidas e que, sobretudo com a linguagem, nos permitem raciocinar e, automaticamente, pensar, e inclusive inventar ou descobrir algo novo, ou seja, inteligência. Inteligência que não é inata, tampouco igual para todos, e não seria possível sem as aprendizagens; seria, simplesmente, inexistente se não fosse inserida na memória. Isso, por sua vez, nos remete ao local em que essa memória reside. No passado, uns sustentaram uma origem divina para esse local, outros, uma origem "natural". Hoje sabemos que ela se encontra no cérebro. Mas como?

---

7 Solms (2015) fala sobre a exterocepção que produz o resultado perceptivo consciente nos adultos, que lhes confere uma aparência "sólida", como se fosse algo real e objetivo.

Os três quadros a seguir apresentam um esquema dos conceitos ilustrados até aqui.

O que é a mente (MIND)

O conjunto de todas as funcionalidades que UM cérebro pode operar no comportamento, em todas as condutas, inclusive as afetivas e interpessoais, e na subjetividade, mais ou menos consciente, de UM INDIVÍDUO

MINDBRAIN

Ninguém tem o cérebro igual ao de outro, o cérebro não é "dado", mas construído.

Algumas funções do aparelho biológico que vem a ser construído operam na produção de UMA consciência de variados níveis, a depender das circunstâncias

MENTE ≠ CONSCIÊNCIA

↓

A mente não coincide com o que entendemos ou sentimos subjetivamente e sobre o que podemos "raciocinar": isso é o que o cérebro de uma pessoa produz como efeitos de consciência.

Não existe A consciência mas diversos níveis de consciência que cada cérebro pode produzir em cada indivíduo a depender do momento experiencial.

Também os animais possuem níveis de consciência.

Um outro aspecto da mente cujos preconceitos nos levam a ignorar diz respeito a toda esfera emocional dos sentimentos e dos "afetos". À exceção das emoções inatas, comuns a todos os vertebrados superiores (os sete sistemas motivacionais identificados por Panksepp, 1998, com seu cerne em redes do tronco vertebral), e também elas moduladas em função da experiência individual (e portanto, aprendizagem e "mente"), o que mediante um processo distintivo chamamos propriamente de sentimentos e afetos, resulta da experiência do indivíduo, ou seja, é aprendida do ambiente e sobretudo da presença dos pares semelhantes, em especial dos mais próximos, especificamente daqueles responsáveis pelo cuidado de cada um desde pequeno, filhote, criança, e também de cada pessoa com mais idade, a partir dos eventos experimentados ao longo da vida.

Desde o período fetal, uma vez fundadas as bases das estruturas afetivas, a criança desenvolve formas específicas de relação e, depois, de comunicação mediante a relação com aqueles que se ocupam dela, que registram com sua marca todas as suas aprendizagens progressivas e adaptativas, bem como as características motoras, passando pelos comportamentos e pelas condutas propriamente ditas, até que, uma vez formada (neural: ver a seguir) alguma consciência, o indivíduo consegue "sentir" (entender?) determinada coisa que, por meio da linguagem, será chamada de afeto, resguardadas as eventuais distinções de indivíduo para indivíduo. Entretanto, a criança não distingue esses "afetos" como tais, ou seja, como poderia sentir quando adulta, tampouco poderá se lembrar deles; se acreditar nisso quando crescer, será uma falsa memória, deduzida de referências posteriores, e nunca autêntica. Os adultos podem assimilar à memória o que entenderam "ser" afeto, como se designava, mas, todavia, não podem se lembrar "verdadeiramente" dos primeiros afetos da primeira infância como eram, porque não têm qualquer "imagem" deles na memória: na fase neonatal-infantil, a percepção é ainda rudimentar, ou melhor, ainda não está organizada de forma suficientemente adaptativa a ponto de condicionar o desenvolvimento futuro, a despeito dos "vestígios" remanescentes nessa mesma memória. Esses vestígios não podem ser recordados porque, com a consciência, é necessário que tais vestígios sejam "configuráveis" sob alguma forma da percepção adulta suscetível a ser reconhecida, com a qual seja possível "recordar": eis a diferença entre o que significa recordação e o que, ao invés disso, pode ser memória. Tais vestígios não podem sequer ser recordados com um nome, uma vez que foram adquiridos quando a linguagem ainda não havia sido adquirida. Portanto, foram constituídos e assimilados à memória, naquelas formas relacionais e emocionais, também corpóreas[8] que, na primeira infância, haviam caracterizado a qualidade da relação com o responsável pelos seus cuidados (ou descuidados). E aquilo que 'então' foi colocado na memória não podia, sequer, ter um "nome".

A Psicologia Clínica Perinatal desenvolvida em nossa escola desde sempre se centrou no quanto a qualidade dos vínculos com os quais os *cuidadores* cuidam (ou negligenciam, abandonam) de um bebê era fundamental para o seu desenvolvimento mental global, não só naquele momento como também, e sobretudo, para o seu futuro. O que um recém-nascido "percebe", bem como um infante, e que, portanto, pode guardar na memória, consiste em "brutos" de origem motora, tátil, térmica, emocional corpórea.[9] Isso não é suficiente para originar uma recordação, esta sim uma operação consciente, que o infante ainda não possui. A recordação requer uma "configuração", necessária para que possa representar

---

8 Pode colocar-se a questão de saber se a criança tem emoções: tem certamente, e são importantes, mas não as sente como tal; estão no corpo, que reage ao ambiente e retira dele o que a sua percepção ainda não organizada lhe permite. Mas, mesmo destas, algo permanece na memória, que não pode ser recordado.

9 Talvez seja possível "tornar a prová-las", agora já transformadas nas emoções que acompanham o empenho massivo de tais aferências, como em certos esportes emocionantes, mais deleitosos do que apavorantes, mas não conversíveis em reconhecimento – recordação – "daquelas" emoções.

o caráter "sólido" (Solms, 2015) assimilável a uma exterocepção de tipo adulto. As já mencionadas "qualidades" da experiência neonatal estão na memória, mas não na memória do que se define por "experimentar afeto", como será possível no desenvolvimento posterior; são coisas ainda informes, incomparáveis com o advento de qualquer consciência que poderia tornar possível recordar – trata-se de algo indefinido, ou melhor, indefinível, uma espécie de precursor do afeto, muito menos organizado no processamento das aferências necessárias à percepção; porém, sua existência na memória é apurada pela estrutura do futuro indivíduo adulto; um precursor sem nome, uma vez que pré-linguístico, cujo vestígio, na memória, não podia naquela idade ser conceitualizada, tampouco percebida, mas todavia presente na memória sob a forma de algumas redes neurais. Posteriormente, essas redes poderão ser alteradas – como já sabemos – por aquilo que ocorre no cérebro a cada nova aprendizagem. "Aqueles" vestígios de outrora, talvez perceptíveis em sua forma bruta, sofreram transformações e não existem mais como tais, mas somente como "foram": a personalidade do adulto é seu testemunho. Podemos observar essas memórias primitivas nos animais, sendo que um exemplo formidável desse fenômeno pode ser constatado nos cães: o comportamento deles perante seu tutor revela aquilo que, em nós, seres humanos, podemos chamar de afeto; o animal, portanto, recorda "alguma coisa" ao festejar a presença de seu dono.

Para o ser humano adulto, civilizado e dotado de linguagem, não é fácil apreender sem equívocos a memória das primeiras fases de vida dos bebês, vividas sem qualquer consciência, mas sobretudo sem uma configurabilidade que lhes permita uma recordação. Mas tal memória existe, aqueles "eventos", naquela mente, informes à possibilidade de uma organização perceptível, estão "na memória"; e revelaram-se fundamentais (os alicerces) para o desenvolvimento completo daquela Mente.

Fato é que estamos habituados, em função dos preconceitos, a fazer com que o conceito de memória coincida com o de recordação, mas poder recordar é apenas uma das tantas funções que a mente "pode" ou não "pode" acionar.[10] O "*remembering*", do inglês – particípio presente de um verbo ativo, ao invés do substantivo – nos atesta isso. Recordar requer uma forma, visual ou de outros sentidos, e/ou linguística, como na percepção adulta, que possa ser recordada quando há consciência, quando a criança já está evoluída, já é capaz de "perceber" o mundo externo como um adulto, adaptativamente, e depois, portanto, no seu próprio interior (cognitivo) dar-lhes nome, com a linguagem.

Como a mente se constrói? Ou ainda, o que acontece quando aprendemos

Na descrição de tudo o que é a mente, a ênfase foi colocada na aprendizagem progressiva: notório é o princípio de que o que é aprendido depende do quanto foi aprendido anteriormente. A qualidade da aprendizagem depende da qualidade do quanto – e sobretudo do como – algo foi aprendido no passado. Isto significa que fica armazenada na memória a qualidade da aprendizagem inicial e que esse tipo de memória condicionou a qualidade do que se aprendeu nas sucessivas ocasiões de aprendizagem. É um princípio em "cascata" (Imbasciati & Cena, 2018 e 2020): uma memória "primordial" condiciona cada memória sucessiva ao mesmo tempo que a integra e a transforma.

---

10 Visto que tantas outras funcionalidades fazem o cérebro funcionar sem interrupção, e sem que nos demos conta, poderíamos supor que aquele cérebro "não pode" porque, naquele momento, "tem outras coisas a fazer". Em termos científicos, deveríamos explorar mais o que tem sido debatido a respeito do funcionamento do cérebro no caso em que é colocado em questão, no nível da consciência, a possibilidade do chamado livre-arbítrio.

Tudo isso é válido independentemente do quanto seja possível recordar, a exemplo do que vimos anteriormente em relação às diversas atividades da mente que foram automatizadas. Mesmo para essas capacidades, onde a memória por si só não ocorre, se para alguma delas ocorre estarmos seguros de poder recordá-la (recordar o como se faz), o mais das vezes tal recordação pode ser desmentida pela performance. Isso apenas atesta a necessidade de distinguir "memória" de "recordação"; esta última é muito frequentemente (talvez sempre?) uma distorção, senão uma farsa, em relação ao que está na "memória". Encontramos uma constatação desse fenômeno nas memórias automatizadas, como as habilidades motoras, de caráter refigurativo *simil-sensorial* [semelhante às sensações percebidas pelos sentidos],[11] que o sujeito alega "recordar bem", e que, no entanto, são sempre, embora imperceptíveis, distorcidas ou falseadas. Desde os anos 1920 do século passado, esse fenômeno foi demonstrado de forma experimental (Bartlett, 1932; Imbasciati, 2018) em suas formas visuais e verbais (Musatti, 1931). O que está em jogo aqui é a relação entre a memória e a consciência, bem como a fragilidade e o engano da consciência em relação às nossas crenças mais fortes. Mas o fato é que o que está na memória é heterogêneo em relação àquilo que se recorda. Mais adiante, veremos precisamente isso na relação entre as recordações e seus traços neurais.

A extensão do conceito de mente, para além dos preconceitos e da presunção de que a introspecção produz resultados objetivos sobre nós mesmos, ou seja, sobre o caráter enganador do que sentimos ou pensamos conscientemente sobre nós próprios, e a

---

11 NRT. No que se refere ao sentido psicológico do termo *simil-sensorial*, estaríamos nos referindo a experiências mentais que refiguram ou recriam sensações de maneira semelhante àquelas percebidas pelos sentidos; no sentido dado ao termo pelas neurociências, estaríamos nos referindo que certas representações no cérebro podem simular sensações reais.

descrição aqui resumida de todas as aprendizagens que se realizam ao longo do desenvolvimento de todos os animais – e do homem em particular – levam à conclusão de que a mente é sempre e essencialmente memória, não apenas em relação ao que podemos recordar, mas a tudo que envolve todas as manifestações que determinado indivíduo possa testemunhar. Esta memória é mutável não apenas em virtude das sucessivas sobreposições e contraposições, mas, considerando também o supramencionado efeito cascata, ela é constantemente reorganizada e reestruturada. Isto basta para desmentir o efeito dos preconceitos que nos faz confundi-la com as recordações, ou que pretendiam equiparar este recordar a um hipotético centro da memória no cérebro. E aqui é preciso fazer dois questionamentos: o que faz a consciência e qual seria o suporte físico de tudo que acabamos de descrever? Esta memória, constantemente reestruturada, alterada e assimilada à memória, onde estaria? Eis o cérebro, que não se resume àquela parte do corpo a que estamos habituados a denominar como tal.

Como já elucidado, se não distinguirmos a memória da recordação e não soubermos o que é a percepção (confundindo-a com a aferência sensorial) e como ela é gradualmente adquirida, mais facilmente incorreremos no preconceito de que aquilo que recordamos corresponde a uma representação homóloga dentro da mente ou, mais especificamente, no cérebro, como se ele fosse um arquivo de fotografias ou de filmagens, ao qual nossa expectativa – ou desejo, intenção, talvez "vontade" – recorre para buscar e encontrar o que pretende de forma precisa: "se não encontrar, paciência, mas deve estar lá", uma vez que estamos convencidos de poder recordar e de "ter em mente" aquilo que desejamos "extrair". Em última instância, se evocamos algo que difere "daquilo" que buscamos, ainda assim permaneceremos convictos de poder encontrá-lo no "arquivo" ("está na ponta da língua"). Por outro lado, se o encontrarmos, mas outros nos disserem, em tom sincero, unânime e convicto, que não se trata daquilo, concluímos, no fim, "que tudo não passou de um equívoco": e assim, conservando a ideia de que em uma próxima ocasião não iremos nos equivocar, conservaremos também a convicção - eis o preconceito - de que entre o cérebro e a mente haja uma correspondência homóloga, uma intercambialidade, reduzindo a memória a um acervo de filmes, quiçá um pouco desorganizado, mas cuja própria mente tem plenas em condições de reorganizar. Do mesmo modo, conservaremos a ideia de que nossa intencionalidade (a "vontade"?) pode conseguir aquilo que, de outro modo, não seríamos capazes de fazer, tampouco de saber.

Absolutamente nada disso faz sentido. O cérebro é substancialmente distinto daquilo que seu funcionamento nos deixa entrever como mente: trabalha e produz a mente, mas de uma forma completamente distinta de como ela nos figura a partir da introspecção. Acreditamos que o funcionamento do cérebro seja acessível pelo que nos vem à mente, e assim alimentamos a crença de poder controlá-lo.[12] Acreditamos que o que está dentro do cérebro necessariamente nos será revelado, como a capacidade de recordar, a menos que não estejamos certos de "estar conscientes". Eis aqui outro grande preconceito: o de que a consciência seja inerente àquilo que se conserva na mente, e vice-versa; e que essa consciência funcione como uma lâmpada que ilumina a mente e que nos ajuda a encontrar aquilo que, de outro modo, ela (preconceito!) sabe - tal como se crê - possuir; tudo isso seria possível, a menos que esta lâmpada

12 Os medievais, sob pena de serem queimados na fogueira, eram impelidos à abjuração de ideias heterodoxas eventualmente difundidas (heresias), não faziam senão lançar mão de um preconceito, mediante o qual acreditava-se que, apenas com a vontade, seria possível crer naquilo que se pretendia. Segundo esse preconceito, quem tinha ideias divergentes ("herético", etimologicamente falando, significa "diferente") da "verdade", sendo esta sujeita à versão eclesiástica, poderia apenas com a vontade acreditar em tudo o que uma autoridade lhe impunha como crença.

esteja queimada, ou seja, a menos que se acredite que a consciência funcione no modo *on/off*.

Trata-se do contrário: a consciência tem sua gradualidade, embora não nos atenhamos a isso. Contribui a esse propósito um outro equívoco da própria língua italiana, quiçá herdeira da tradição filosófico-religiosa de nosso país: usamos a mesma palavra, "coscienza" (consciência), para indicar tanto a percepção do que acontece em nosso entorno e dentro de nós – o que o inglês, com mais rigor, denomina-se com a palavra *consciousness* – quanto a consciência moral, fenômeno que os ingleses conservaram e distinguiram sob o termo "*conscience*". Essa última não é, de forma alguma, a conscientização do que acontece dentro e fora de nós, mas sim a constatação da observância de nossa conduta, passada e presente, em relação às normas e costumes preestabelecidos e prescritos (religião) em nossa sociedade.

Portanto, recordação vem a ser um resultado momentâneo da consciência, entendida como *consciousness*, a partir de um fragmento do quanto temos de memória. Aquilo que em nós é memória, na verdade, não é senão a totalidade "compactada" do que a experiência de uma vida e suas respectivas aprendizagens produziram na micromorfologia de cada cérebro.

O problema memória/recordação nos leva, além disso, a uma questão mais geral acerca da consciência: a variabilidade das capacidades de consciência é muito maior quando dirigida não mais diretamente ao mundo externo (a aqui denominada consciência fenomênica), mas antes ao nosso âmbito interno. Trata-se não somente de recordar fragmentos transformados, como aqueles que a consciência fenomênica nos fornece, mas igualmente de elementos tão ou mais decisivos pela sua influência sobre os sucessivos desenvolvimentos: trata-se, portanto, de vestígios de afetos. São eles que caracterizam o que se chamou de consciência autorreflexiva, ou simplesmente consciência reflexiva, isto é, a introspecção dos nossos "sentimentos", perante a qual encontramos os limites de seu engodo; bancada de testes e de invenção do método psicanalítico.

Muitas vezes distinguimos "afeto" de "sentimento" para indicar com a segunda palavra o que percebemos em relação a algo mais profundo, oculto, remoto, incerto e nebuloso: por vezes chamamos de "mundo das emoções". Mas que emoções seriam essas, se não podemos "nos lembrar bem delas"? Nós percebemos as emoções presentes em alterações corpóreas, antes de termos consciência de que se manifestam em nós: quanta consciência temos por "senti-las"? E por que acontece, por vezes, de percebermos essas emoções e, noutras situações, não intuirmos absolutamente nada? E haveria alguma diferença entre este "sentir", perceber, e estar consciente de que "elas" estão realmente dentro de nós? Ou ainda, se as percebemos, poderíamos atribuí-las a um "outro além de nós"? Ora, alguns autores já discorreram sobre a consciência de ter consciência.[13] Em todo caso, o estudo da consciência parece ainda fluido, nas suas variedades em função do objeto, externo ou interno, de sua configurabilidade, ou ainda como pertencente ao ainda mais obscuro mundo interno de algum vestígio dos afetos mais primitivos, até sua raiz em uma consciência que, retrocedendo, extingue-se; já não existe! Ou melhor, não está mais lá!

Apresento a seguir, um quadro sinóptico com os conceitos básicos aqui descritos.

13 Jaynes, 1976; Imbasciati, 2014. Jaynes (1976) aventa a hipótese de que, ao longo dos milênios, o gênero humano tenha adquirido epigeneticamente uma consciência crescente antes de ter consciência de possui-la: a atribuição das emoções percebidas no corpo ou que irrompem em algum comportamento seria atribuída a um outro "além de si", aos deuses, a visões alucinatórias, a espíritos incumbentes.

O cérebro aprende funções progressivas e conserva-as na memória

COMO?

A experiência de um indivíduo produz e/ou altera redes neurais

memória de novas funções

Experiência não é uma impressão da realidade externa no cérebro

EXPERIÊNCIA ≠ REALIDADE

Experiência é o resultado, no cérebro, de como ele recebeu a aferência, transformando-a em novas redes neurais ou alterando as redes neurais anteriores. Esse resultado depende, portanto, das funções até então adquiridas.

EFEITO DOMINÓ OU CASCATA NA CONSTRUÇÃO DA MENTE-CÉREBRO

mas

As redes neurais que serão construídas dependem do contexto emocional. Isso envolve outras redes que regulam o equilíbrio emocional e, portanto, a qualidade da mensagem veiculada pelo contato interpessoal: logo

MEMÓRIA DE AFETOS

↓ ↓ ↓ ↓ ↓ ↓ ↓ ↓

[Aqui, no original, há oito setinhas, uma ao lado da outra, apontando para baixo]

FUNÇÕES AFETIVAS

aquisições das estruturas emocionais pessoais

AFETOS, fundamentos da MENTE

De qualquer modo, a chamada consciência, sobretudo quando voltada a nós mesmos, muda ao longo do tempo, nos lugares e nos contatos interpessoais: mas com o quê e por quê? Muda e transforma o passado. E talvez o presente da consciência fenomênica?[14] Certamente o nosso futuro.

Em que consiste, na estrutura do cérebro, essa possibilidade – que não pode ser controlada pelo indivíduo – de estar mais ou menos ciente de algo, é ainda um objeto de investigação. LeDoux (2002 e 2019) com seu "*self* sináptico" traça uma história da filogênese da matéria viva ("Como o cérebro torna-se consciente"). Gazzaniga (2018), qualificando-a como instinto e, ao mesmo tempo, como "um misterioso vínculo mente-corpo", faz dela uma espécie de espírito da evolução humana ao levantar a hipótese de uma teoria "modular". Como será analisado mais adiante, o funcionamento do cérebro não se baseia nos neurônios, e sim nas sinapses (sinapse = colocar junto, conectar), ou seja, nas redes neurais. Gazzaniga fala de "módulos" de conexões sinápticas, cada um dos quais seria responsável pelo que vem a ser consciência: no homem, a presença múltipla de um grande número de módulos capaz de trabalhar simultaneamente asseguraria a versatilidade e a gradualidade do efeito consciência, caraterístico de nossa espécie.

Gazzaniga aborda a consciência que caracteriza o que chamamos de cognição: cognição para aprendizagem – como já sublinhado – do mundo externo. É dada uma atenção menor à consciência introspectiva a respeito de nós mesmos, sobre a qual a psicanálise tem se debruçado há mais de século, mostrando o quanto essa consciência pode nos enganar em relação aos nossos afetos, intenções, sentimentos, pensamentos. Por outro lado, na esfera das emoções e dos afetos, a relação entre consciência, recordação e memória assume posteriormente uma complexidade ainda maior, visto que o recordar – embora de algum modo associado à memória – não pode subsistir se não puder ser "configurado": só

14 Quem nos diz, por exemplo, que o triângulo que vejo diferente de um quadrado é visto do mesmo modo por outra pessoa? O que importa para a adaptação vital é o que serve para distingui-la de forma unânime.

se concretiza com a memória evoluída, aquela das formas perceptivas[15] e, posteriormente, linguísticas que, porém, são aprendidas apenas num segundo estágio por crianças entre quatro e cinco anos. Mas os vestígios mais importantes para os afetos do futuro indivíduo são inseridos na memória por meio das formas pelas quais um bebê podia aprender quando ainda não tinha a percepção de um adulto, tampouco tinha a linguagem. O discurso sobre o engodo de nossa introspecção, como nos resulta da clínica psicanalítica, encontra aqui uma explicação, deixando, não obstante, alguns pontos de interrogação.

Com a introspecção, exploramos o universo de nossos eventos de vida o que, invariavelmente, nos remete aos afetos, embora eles não possam ser recordados em suas raízes infantis. Quando se busca entender nossos afetos – disposições, humores, intenções, desejos – torna-se inevitável evocar situações infantis repletas de afetividade, mas essa operação se realiza com formas configuradas pela linguagem ou pela perceptibilidade adulta: portanto, trata-se de algo *a priori* distorcido. O engodo presente nas nossas capacidades introspectivas não constitui um engano propriamente dito, tampouco o recalque como concebido por Freud, mas antes o fruto da impossibilidade de uma tradução fiel. Por essas razões, a psicanálise insiste na necessidade de que o analista consiga estruturar uma relação de tipo afetivo com o paciente, ou seja, que saiba receber e transmitir afetos para além das palavras. Mas tal tarefa está longe de ser fácil, e não raro o analista se vê tergiversando sobre "esclarecimentos" com base na linguagem verbal.[16]

---

15 O mundo perceptivo dos humanos é conformado por formas prevalentemente visuais, e, como tais, são recordáveis com precisão, mas em alguns indivíduos pode prevalecer um mundo de formas auditivas, como para alguns músicos; em menor grau, podemos ter formas olfativas e tátil-motoras, como em alguns animais.

16 E de fato, embora se tenha um cuidado com as ações: subsiste o espectro do agenciado.

A psicanálise ainda se baseia na subjetividade dos adultos, inclusive quando destinada às crianças – pelo menos por parte do analista. Quanto, numa relação paciente-analista, é transmitido por palavras e concepções derivadas da introspecção dos adultos, e quanto é transmitido por mensagens mais conformes à memória informe de um infante? Os analistas que tratam crianças tentam aqui, mas até que ponto são bem-sucedidos em dirigir o efeito relacional, num tal "tratamento", para formas que sejam eficazes na modificação dessas transmissões infantis primitivas negativas que causaram a perturbação de memórias posteriores? Isto se busca distinguindo-se uma formação específica para a análise infantil em relação à tradicional (voltada à análise dos adultos).[17]

Para a análise tradicional, poderíamos afirmar que a interpretação psicanalítica, mesmo aquela considerada mais eficaz ("mutativa", como se diz), não consiste em um desvelamento de uma memória oculta, mas tão somente numa tradução de uma memória inefável, servindo-se, porém, da própria linguagem das palavras, ou seja, do quanto vivencia e entende um adulto; não aquilo que vivenciou uma criança com seus *cuidadores*, para o bem ou para o mal. "Aquela" memória, como era, já não existe mais, no que diz respeito à recordação: resta apenas um vestígio transformado que subsistiu para condicionar todas as aprendizagens posteriores. Os eventos adversos relacionais da primeira infância, na perinatalidade, deixaram seus vestígios; não é memória recordável, mas apenas vestígios testemunhados: eis a condição para a construção da mente do indivíduo.[18]

---

17 O que acontece hoje, depois do *lockdown* implementado em virtude da Covid-19, que muitos analistas se resignaram a fazer análise de forma remota?

18 Na apreciação de tais eventos, recorre-se habitualmente ao conceito de trauma: certamente as situações dramáticas podem excluir ou alterar radicalmente a possibilidade de recordar, mas talvez a identificação de um "trauma" propriamente dito seja uma explicação reducionista derivada do preconceito de que cada "vestígio" deveria ser recordado como se estivesse "impresso" no cérebro.

Uma concepção, ainda muito recente (Solms, 2021), considera a possibilidade de um certo nível de conscientização do próprio mundo interior ligada a uma especial e oculta capacidade de consciência dos afetos; para além de sua aparência nos adultos, quando os identificam e os denominam (Spagnolo, 2021). Certamente, pesquisas a esse respeito hão de extrair desdobramentos mais aprofundados no futuro.

O que acontece no cérebro

O discurso elaborado até aqui sobre o que é a mente e como ela se forma, ou melhor, como se constrói de forma distinta em cada indivíduo com base nas aprendizagens desde os primeiros eventos da vida de cada pessoa, a começar pelo período fetal, remete invariavelmente às descobertas psicológicas da subjetividade introspectiva, passa pelas pesquisas da Psicologia Experimental e chega, por fim, à neuropsicologia. Os estudos sobre a aprendizagem, sobre a adaptação de todos os seres vivos e sobre a memória que os acompanha na manutenção de sua função vital levam a indagações sobre seus correspondentes mecanismos biológicos. A ideia ingênua de que tudo que se afigura à introspecção, na identificação de funcionalidades psíquicas específicas, possa encontrar uma homologação em outras tantas funções correspondentes e distinguíveis, localizadas em determinadas áreas do cérebro, já foi refutada pelos avanços científicos. O fato de ser possível localizar no cérebro áreas específicas cuja lesão interrompe a normalidade de alguma função mental significa tão somente que uma atividade daquela localização é indispensável ao desenvolvimento da função, mas não a responsável por produzi-la: outras atividades, de outras áreas, são também necessárias e, sobretudo, indispensáveis. A totalidade do que descobrimos no progressivo desenvolvimento de uma mente não pode ser explicada por meio de uma memorização homóloga. A referência à uma "maturação" guiada pelo cérebro genético é capaz de explicar apenas uma ínfima parte do que descobrimos.

O avanço científico de hoje permite identificar a chave de compreensão das funcionalidades do cérebro nas milhões de conexões sinápticas seja no cérebro, seja no corpo todo. Um ponto de partida das pesquisas a esse respeito pode ser o estudo experimental da aprendizagem no cérebro dos animais. Aos animais, me refiro aos ratos, pois, segundo o que se pôde constatar, apresentam uma acentuada tendência explorativa[19] que lhes permite aprender novas situações ambientais quando introduzidos em um ambiente novo (gaiola, labirinto), desde que estejam em condições de tranquilidade (isto é, com um nível de estresse nem muito alto nem muito baixo),[20] passando assim a explorar, aprender e experimentar esse novo ambiente. Evidenciou-se, no cérebro dos ratos, que isso ocorre em função da proliferação de cadeias proteicas pelos núcleos neuronais responsáveis por estabelecer novas sinapses.[21] As sinapses são, portanto, a expressão das funcionalidades que um cérebro é capaz de explicar. Ao longo do tempo, a cada sucessiva aprendizagem, as sinapses se multiplicam, se desviam e, portanto, variam permanentemente: é por esse motivo que não se fala de neurônios, mas de redes neurais. Elas não estão apenas no cérebro, mas distribuídas em todo o corpo. A individualidade da mente de cada indivíduo corresponde a uma individualidade de suas redes neurais, formadas ao longo de cada aprendizagem, a começar pela base das experiências primárias em sua vida pessoal. "Nós somos nossas sinapses", sintetizou LeDoux (2002). Somos o conjunto de nossas conexões neurais, o nosso "conectoma" (Seung, 2012), expressão anatômico-funcional de nossa mente individual. Portanto, o cérebro é diferente para

---

19 A primeira das sete motivações inerentes identificadas e estudadas por Panksepp (1998): *seeking*.

20 Esta última descoberta sobre os ratos, medida a partir do nível de cortisol, nos leva a pensar no que poderia acontecer aos humanos, em particular aos adolescentes, quando sua capacidade de aprendizagem é atrasada, distorcida, minada: demasiadamente excitada ou pouquíssimo excitada? Assustados?

21 Alberini, 2013; Cena & Imbasciati, 2014; Imbasciati & Cena, 2017, 2018 e 2020.

cada pessoa – absolutamente ninguém tem um cérebro idêntico a de qualquer outro ser: *A cada qual o seu cérebro* é o título de um famoso texto de Ansermet e Magistretti (2008).

As redes neurais mudam constantemente de acordo com cada nova aprendizagem, além disso, dado que a funcionalidade mental (que em determinado momento produz uma aprendizagem) depende de um conjunto de redes e, por sua vez, aquela aprendizagem produz novas redes, ou pelo menos as modifica, o efeito cascata descrito no parágrafo anterior se reproduz no âmbito anatomofisiológico no que diz respeito à qualidade das aprendizagens subsequentes. O conectoma, expressão pessoal de um cérebro no âmbito de toda rede neural, distribuída em todo o corpo, muda e faz com que nossa mente mude ao longo de uma vida toda. Essa atividade da mente, por sua vez, altera o conectoma: o como, o quanto e o onde isso se altera está condicionado ao funcionamento das redes que cada experiência anterior alterou, em um efeito cascata que reproduz o que há muito foi provado no âmbito psicológico para os resultados da aprendizagem: aprender faz com que se aprenda mais; aprender bem faz com que se aprenda melhor; aprender mal condiciona defeitos posteriores nas aquisições subsequentes. Experiências negativas na vida primária condicionam a vulnerabilidade, ou seja, a escassa capacidade de superar as adversidades subsequentes. Experiências positivas podem gerar resiliência perante as futuras adversidades oriundas dos eventos da vida. Com base nestas modalidades de alteração em efeito cascata, podemos afirmar que a perinatalidade abriga "o futuro dos primeiros mil dias de vida", como intitulamos um texto de nossa autoria (Imbasciati & Cena, 2018).

As redes neurais se estendem por todo o corpo (de poucos micras a alguns metros) e coletam os impulsos bioelétricos de sensores específicos de determinada espécie animal – no caso em questão, os seres humanos – e os transmitem, de rede em rede, até o cérebro, onde a arquitetura neural multiplica exponencialmente as conexões: isso tudo produz a "mente". Portanto, a relação mente/corpo pode assumir uma nova configuração, "do corpo ao cérebro, e dele à mente", e precisamente por isso propus o termo unitário *bodybrainmind* (Imbasciati, 2019 e 2020), que aprimora o já solapado termo *mindbrain*, ou *brainmind*.

A mente, em todas as suas funcionalidades, da cognição à reflexividade do pensamento, da introspecção que se opõe aos limites da consciência na inventividade do *homo sapiens*, vem a explicar-se como efeito (terminal, de certo modo) de uma organização, elaboração, construção progressiva do conectoma: o *brain*, concentrado no cérebro mas não somente nele, opera com tudo que a corporeidade genética de um animal, com sua peculiar conformação e seus específicos sensores (e com as não muitas redes neurais inatas: ver Panksepp) envia ao cérebro-conectoma. Portanto, o corpo, o *body*, oferece ao *brain* (entendido e estendido) a informação biológica constituída por todas as aferências, que o *brain* organiza progressivamente e em efeito cascata, construindo o conectoma e alterando-o continuamente, de modo que seu correspondente funcionamento produz a mente, *mind*, que muda permanentemente, mas que nos parece ser sempre a mesma. Daí a conveniência de aglutinar a já referida sequência no conceito expresso por uma só palavra, *bodybrainmind* – como proposto nos textos que antecederam o presente trabalho (Imbasciati, 2019 e 2020).

Obviamente, o processo com que o *brain* elabora é fruto de sua construção progressiva: tudo o que provém do corpo é elaborado, organizado e reorganizado, de modo a produzir uma mutação contínua do conectoma, responsável por determinar novas possibilidades de elaboração que operam em relação a tudo que, posteriormente, o *body* enviar para sua elaboração. Trata-se de um efeito "cascata" – como já mencionado – para a aprendizagem.[22]

22 O processo poderia ser entendido também no sentido circular, pois a atividade do *mind* poderia condicionar o que o *body* capta mediante seus sensores: isso pressupõe uma atividade autodecisional, uma "vontade" possuída pela mente humana; algo que hoje está em discussão (Wegner, 2003; Merciai & Cannella, 2009).

Isso nos remete à perinatalidade como o período no qual a primeira matriz de um *bodybrainmind* é formada, sendo ela responsável por condicionar a sucessiva e futura construção desse cérebro individual e, portanto, daquilo que o *bodybrainmind* poderá fazer elaborando, da melhor maneira possível (de "sua" melhor maneira possível) todos os futuros eventos de sua vida e, consequentemente, o futuro dessa pessoa.

Logo, a perinatalidade deve ser considerada como um período crucial para o futuro de cada bebê: *Psicologia Perinatal Babycentered*, eis o título de nosso último livro (Imbasciati & Cena, 2020). Que a mulher que gera uma criança deva ser cuidada sempre que apresentar um desconforto é algo patente, mas deverá sê-lo sempre, em todo caso, com seu bebê, e isso vale para todas as mulheres e para todas as crianças, numa espécie de trabalho de prevenção para o futuro da humanidade. O que está em jogo é uma economia humano-social, que se assume crítica ao futuro civil do *homo sapiens* e de seu destino na Terra – a exemplo do que os recentes cursos de atualização especializada estão, nesses tempos difíceis, elaborando sobre a questão. Trata-se, portanto, de cuidar dos pais para que as crianças cresçam melhor: uma demanda trágica nos períodos de crise da civilização.

Referências

Alberini, C. (2013). *Memory reconsolidation*. In C. M. Alberini, S. A. Johnson, X. Ye. *Memory reconsolidation: lingering consolidation and the dynamic memory trace*. Elsevier, pp. 81-117.

Ansermet, F., & Magistretti, P. (2008). *A ciascuno il suo cervello*. Bollati Boringhieri.

Bartlett, F. C. (1932). *Remembering: a study in experimental and social psychology*. Cambridge University Press. 2010 (trad. it. *La memoria*. Franco Angeli, 1974).

Cena, L., & Imbasciati, A. (2014). *Neuroscienze e teoria psicoanalitica.* Springer.

Gazzaniga, M. (2018). *La coscienza è un istinto.* Raffaello Cortina Editore.

Imbasciati, A. (1998). *Nascita e costruzione della mente.* Utet Libreria.

Imbasciati, A. (2005). *Psicoanalisi e cognitivismo.* Armando Editore.

Imbasciati, A. (2006). Psicologia clinica: presente e futuro. *Rivista di Psicologia Clinica, 1*, 33-42.

Imbasciati, A. (2014). *Quindici brevi lezioni di Psicologia integrata.* Alpes.

Imbasciati, A. (2018). Inconscio e coscienza della memoria: un contributo dalle neuroscienze. *Psicoterapia e Scienze Umane, 62*, 563-586.

Imbasciati, A. (2019). *Una vita con la psicoanalisi: la costruzione del cervello e il futuro dell'Umanità.* Mimesis.

Imbasciati, A. (2020). *Bodybrainmind: sette lezioni per una neuropsicoanalisi.* Mimesis.

Imbasciati, A., & Cena, L. (2017). *Psicologia clinica perinatale* (Vol. III Neuroscienze e psicoanalisi per la prima infanzia). Franco Angeli.

Imbasciati, A., & Cena, L. (2018). *Psicologia clinica perinatale: prevenzione e interventi precoci* (Vol. IV Il futuro dei primi mille giorni di vita). Franco Angeli.

Imbasciati, A., & Cena, L. (2020). *Psicologia clinica perinatale babycentered* (Vol. V: come si costruisce il cervello). Franco Angeli.

Jaynes, J. (1976). *Il crollo della mente bicamerale e l'origine della coscienza.* Astrolabio Ubaldini Editore.

LeDoux, J. (2002). *Il Sé sinaptico: come il cervello ci fa diventare quelli che siamo.* Raffaello Cortina Editore.

LeDoux, J. (2019). *Lunga storia di noi stessi: come il cervello è diventato cosciente.* Raffaello Cortina Editore.

Merciai, S., & Cannella, B. (2009). *Psicoanalisi nelle terre di confine.* Raffaello Cortina Editore.

Musatti, C. L. (1931). *Psicologia della testimonianza.* Cedam.

Panksepp, J. (1998). *Affective Neuroscience.* Oxford University Press.

Seung, S. (2012). *Connectoma.* Codice Edizioni.

Solms, M. (2015). *The feeling brain.* Karnak (trad. it. *Cosa prova il cervello*. Astrolabio Ubaldini Editore). Routledge.

Solms, M. (2021). *The Hidden Spring: A Journey to the Source of Consciousness.* W. W. Norton & Company.

Spagnolo, R. (2021). Profili book crítica italiana: R. Spagnolo, *Spiweb e i nostri libri* (Imbasciati, 2018, 2019; Imbasciati, Cena, 2018).

Wegner, D. M. (2003). The best trick: how we experience conscious will. *Trends in cognitive science*, *7*(2), 66-69.

5. O preconceito: os jogos da consciência

Os preconceitos dos seres humanos em relação à "mente"

O preconceito é um dos temas da Psicologia Social, que o estudou em seus aspectos e efeitos negativos no bom convívio civil e no progresso da humanidade por meio de uma quantidade substancial de pesquisas – sobretudo nos Estados Unidos ao longo da segunda metade do século XX passado –, notadamente sobre os preconceitos raciais e seus respectivos efeitos políticos e sociais. Uma característica do preconceito é aquela que se detecta na conduta de um indivíduo quando, se explicado conceitualmente a ele, sem referências pessoais, este preconceito é negado como parte de seu modo de pensar: porém, se exemplificado e descrito a partir de uma manifestação específica de sua própria conduta, ele passa a reconhecê-lo, embora com certa "relutância". Trata-se, portanto, de uma convicção muito íntima, não reconhecida por quem a põe em prática em suas condutas, mas que, no entanto, confrontado perante exemplos concretos de determinado comportamento, ações, opinião, atitudes, sente-se obrigado a admiti-la. As ideias correspondentes à determinada conduta preconceituosa estão presentes e operam em alguma parte da mente:[1] quem as cultiva não está, evidentemente, consciente disso no sentido pleno, mas tampouco age de forma inconsciente – se com tal adjetivação nos referimos ao quanto a psicanálise penetrou na cultura corrente.

Como a consciência funcionaria nesse caso específico? De que consciência estamos falando? Parece que a constatação racional perante evidências apontadas por outros sobre "ter determinadas ideias dentro de si" é fruto de uma consciência fenomênica desligada de um "inconsciente" cuja consciência reflexiva não alcança e nega; e assim essas ideias continuam operando, inclusive depois que o indivíduo as reconhece na exemplificação de determinada conduta praticada por ele – e continuam facilmente a operar sem que o indivíduo se aperceba. Sua tomada de consciência e sua correspondente recordação derivam de uma consciência fenomênica: o indivíduo observa o fenômeno que lhe foi ilustrado no exemplo prático de sua conduta, como qualquer outro evento do mundo externo, cognitivamente, e tira daí suas conclusões óbvias. Mas elas permanecem cindidas, alheias ao seu mundo mental interior.

Podemos notar um evento semelhante quando um indivíduo se dá conta da irracionalidade de algum comportamento seu, uma vez que "não havia motivos para comportar-se daquele modo" em determinada circunstância, propondo a si mesmo "não fazer mais aquilo", embora continue fazendo-o indistintamente. Muitas vezes um episódio como esse termina quando se recorre à noção psicológica de "caráter", que tampouco oferece uma explicação. Trata-se tão somente de uma denominação para indicar o fenômeno e como ele se manifesta,

---

1 Exemplos paradigmáticos podem ser encontrados em algumas anedotas famosas, como essa: "Olha, querem retirar a cidadania dos judeus e dos barbeiros", ao que o interlocutor responde: "Mas o que os barbeiros têm a ver com isso?".

porém não explica por que uma consciência reflexiva mais direta não o ajudou a não fazer o que sua consciência fenomênica lhe diz, *a posteriori*, que não queria fazer. Parece que o cérebro impõe à mente um padrão de comportamento – adotado em determinadas circunstâncias – que o sujeito não deseja e se propõe a "não repetir".

Tais eventos de "consciência" apresentam analogias inclusive com o que ocorre com as capacidades motoras, sobretudo aquelas mais corriqueiras e automáticas, mas por vezes também aquelas mais complexas, adquiridas pela mente (nós de fato as aprendemos) sem que necessariamente o indivíduo as tenha presentes em sua consciência: são automaticamente praticadas sem que o indivíduo se dê conta, ou seja, sem que tenha consciência disso. Em outras ocasiões, o indivíduo cultiva uma consciência genérica delas, reconhece possuir certas capacidades, e não obstante sua respectiva performance o desmente. Outra analogia se desvela em relação aos eventos estudados pela Psicologia Clínica Perinatal: as vicissitudes experimentadas por uma criança em sua primeira infância (do feto aos primeiros dois ou três anos) condicionam o destino de seu desenvolvimento psíquico futuro – como já mencionado nos capítulos anteriores. Os seus vestígios permanecem, portanto, no cérebro, sem que o indivíduo tenha tido consciência dele ou os possa recordar.

A correlação entre a clínica perinatal e a da primeira infância, com o sofrimento psíquico detectável no adulto, emerge como uma via para a condução de pesquisas sobre o cérebro e a transformação-evolução das redes neurais em cada desenvolvimento subsequente do cérebro, mas uma prova análoga de causalidade mostra mais complexidade para o preconceito, uma vez que este não é um fenômeno individual, mas tem toda uma história no coletivo social ao longo dos séculos, havendo ainda uma estreita relação de vínculo oculta em relação a outros comportamentos muito bem definidos. Quais experiências afetivas foram transmitidas na primeira infância nas mais diversas sociedades ao longo dos séculos? Sob o rótulo de "caráter", o indivíduo assimila as suas manifestações relativas ao que sabemos sobre os acontecimentos da infância que condicionam o desenvolvimento psíquico futuro, mas para o preconceito, o fenômeno coletivo alarga o espectro de hipóteses sobre os aspectos possíveis da evolução da consciência. Além disso, a força do preconceito nos remete a outras manifestações comportamentais que repercutem no *soma*: os tiques, os rituais obsessivos em determinadas circunstâncias e as ideias recorrentes, mais ou menos obsessivas, até as mais manifestas neuroses, ou psicoses, e das síndromes obsessivo-compulsivas. Em todos esses casos, não há sequer vestígio de consciência, se não *a posteriori*.[2] Tampouco uma consciência reflexiva ou fenomênica, própria ou alheia, que possa de algum modo nos levar a uma melhor compreensão, com exceção talvez de uma longa e extensa análise.

Tudo isso torna bastante difícil a identificação dos vestígios mnemônicos de possíveis aspectos da consciência que poderiam estar na base daquilo que facilmente deixamos de discernir. No preconceito, é bem provável que o coletivo reforce o jogo da consciência, mas ao mesmo tempo constatamos como pode facilitar a confluência de uma consciência fenomênica desvelando timidamente o véu da consciência reflexiva. Isto se verifica sobretudo quando o preconceito diz respeito a eventos externos, ao passo que, quando concerne a eventos internos, parece ser muito mais tenaz e resistente a ser alterado por uma consciência fenomênica. Talvez não seja por acaso que os preconceitos mais importantes dizem respeito não apenas ao mundo exterior com seus acontecimentos sociais, no qual os outros podem intervir com suas consciências, mas a ideias subjacentes sobre a própria mente e seus processos, em que os outros podem muito pouco "compensar". Os preconceitos sobre o funcionamento da mente são

---

2 Invocar uma "patologia" não resolve o problema, apenas o aliena em uma causa orgânica não especificada, o que somente distancia-se do problema mente-cérebro-consciência. Em todo caso, não parece que o cérebro se desfaz da mente, privando-a de qualquer "consciência"?

assim os mais tenazes: as ideias preconceituosas sobre a interioridade da mente são por todos compartilhadas e, com um ímpeto ainda maior, por cada um em relação a si mesmo; e pouquíssimas outras consciências podem intervir. Os preconceitos sobre a mente podem, portanto, agir no sentido de impedir a assimilação, pela cultura atual, de muitas aquisições científicas que estão hoje à nossa disposição, mesmo aquelas que são conhecidas pela consciência fenomênica do indivíduo, inclusive culto; mas o sujeito se comporta como se, no que diz respeito à "mente e suas conexões", e sobretudo para si mesmo, querendo – ou talvez tendo que – raciocinar como se nunca tivesse aprendido ou ouvido falar dessas noções científicas.

Sobre a mente, a despeito de não poucas noções da Psicologia experimental há muito consagradas, bem como das neurociências sobre a relação mente/cérebro, é possível identificar muitos preconceitos que imperam na cultura corrente e impedem e/ou distorcem, em um processo reducionista, o que foi aprendido e o que, uma vez mais, seria possível aprender e verdadeiramente assimilar: o que seria muito útil para uma boa convivência social. A esse respeito, podemos pensar no quanto a atual jurisprudência ainda hoje se baseia em noções falsas e tradicionais de "consciência", de "livre-arbítrio", de responsabilidade, e em maior grau no quanto a política – com a Economia e as Ciências Sociais – se baseiam nelas.

Os preconceitos podem se contradizer e ainda assim coexistir, ocultando suas prováveis confusões. O efeito de todos os preconceitos é a manutenção de uma farsa, extraída de convicções de um passado já remoto ancoradas nas tradições e codificadas por hábitos e religiões. Portanto, conviria passar em revista, à luz das ciências atuais, que os principais preconceitos dizem respeito ao funcionamento mental, evidenciando a farsa[3] que condiciona a própria mente e as condutas que dela provém, numa espécie de economia contrária

3 Ver o blog: www.imbasciati.it.

a um progresso salutar das possibilidades de desenvolvimento da cultura científica, com nefastas consequências político-sociais.

Minha mente é aquilo que me mostra a minha consciência

Identifiquemos, antes de mais nada, a ideia seminal de tantos outros preconceitos: que a mente consiste naquilo que se nos aparece na consciência, ou seja, confiar na própria consciência reflexiva pela introspecção. A "farsa" que ela sustenta pode ser resumida na seguinte afirmação: "a mente é aquilo que, em consciência, sinto ser e pensar". A falsidade, embora abordada por alguns filósofos do passado, ainda encontra sustentação na cultura corrente, como se tratasse de um pressuposto tácito. Há mais de cem anos a psicanálise nos ensina sobre o quão enganosa pode ser essa consciência,[4] e por muitos anos a neurologia e, posteriormente, as neurociências, demonstraram como o cérebro continua trabalhando ininterruptamente – até mesmo enquanto dormimos – produzindo a "mente": não obstante, em muitas concepções atuais, ainda se assume essa falsidade como se fosse verdadeira, mormente sustentada pela nossa pretensão (narcisista, poder-se-ia dizer) de estarmos sempre conscientes daquilo que somos iludidos a pensar e a fazer. A bem da verdade, a mente é muito mais vasta, oculta (pensemos em tudo o que fomos capazes de aprender), por vezes incompreensível, quando não temos paciência o suficiente para de fato pensar sobre ela.[5]

Este preconceito, sustentado por mais de uma religião, na língua italiana consolidou-se pelo uso equivocado da mesma palavra – consciência (*coscienza*) – para indicar tanto o que conseguimos entender, ou "ver", quanto para designar a consciência moral. Diametralmente oposta é a língua inglesa, que dispõe de duas palavras diferentes,

---

4 Falo da consciência reflexiva de acordo com a concepção aqui citada.

5 "Ah, se a coroa real me desse o poder de perscrutar o coração humano que só Deus pode ver!" (Verdi, 1867, *Don Carlos*).

consciousness e *conscience*. A *conscience* nos remete às prescrições, à lei, ao poder e principalmente aos poderosos: a história medieval (e a muçulmana muito mais que a cristã) nos enlevou nessa "*religio*" que, perscrutada sua etimologia, nos diz o quanto estamos ligados uns aos outros. A *consciousness*, por outro lado, remonta mais a um modo de ser do que propriamente de sentir-se obrigado a "fazer". O uso italiano, e de outras línguas, é um testemunho do quão mais fácil – e às vezes cômodo – é obedecer ao invés de descobrir (e inclusive "ser")[6] uma verdade. A "farsa" que esse preconceito sustenta poderia, em última instância, ser resumida por meio da equivalência mente = consciência.

Portanto, essa "consciência", ou conscientização – se assim pretendemos melhor designá-la (Imbasciati, 1989) – é, no entanto, incerta, quando não falsa, embora a desejássemos rápida e segura, como se já tivesse sido estabelecida. O resultado desse processo não é senão uma ideia implícita e preconceituosa de que essa consciência possa ser reduzida a um *on/off*: o conceito-preconceito do indivíduo a interpreta como um interruptor (consciente/não consciente) quando, em vez disso, deveríamos fazer um trabalho de discernimento sobre seu nível ou grau, um trabalho que como tal implicaria empenho, cansaço e paciência (*patior*).[7] O reducionismo *on/off* nos tolhe a possibilidade de sentir os afetos dos quais a consciência reflexiva está repleta, e é reforçado por muitos hábitos simplificadores da vida cotidiana, consagrados atualmente pelo uso totalizante do digital. Entre outras coisas, é notável que desse reducionismo, aplicado por nossa mente inclusive à consciência fenomênica de maneira vacilante e sub-reptícia, derivam erros cognitivos. No fundo, como há muito tem sido apontado em diversas pesquisas (Liotti, 1994, 2004), esta consciência (a reflexiva com mais evidência do que a fenomênica) é constantemente variável a depender do contexto ambiental, temporal e

---

6 A consciência reflexiva depende da organização afetiva primária, que constitui o núcleo de sermos nós mesmos.

7 Verbo latino: sofrer, suportar, tolerar.

sobretudo interpessoal, e intervém em todas as operações da memória, isto é, de qualquer tipo de memória. O que vem ao encontro da hipótese multimodular dos grupos de redes neurais, formulada por Gazzaniga (2018).

Em relação ao "preconceito", é preciso que nos questionemos sobre como essa ideia de mente, como a consciência, como "é" (na verdade, como nos parece), tenha sido gestada e transmitida de uma geração a outra. É inegável que a aparência imediata e a secular ignorância da relação mente-cérebro podem fornecer uma explicação dessa suposta mente, mas a persistência em tal convicção, a sua autonomização em todos os raciocínios e a frequente negação de algo desconhecido – inconsciente – nos impelem, necessariamente, a pensar em algum vestígio muito antigo no desenvolvimento do indivíduo, na primeira infância, em algum afeto transgeracional transmitido de mãe para filho ainda na infância. Talvez seja o medo de que o desconhecido, o incerto, o imprevisto diante do perigo que um ser assim, tão desprovido e vulnerável como um recém-nascido, possa não sobreviver.

A questão do "livre-arbítrio"

Ligado ao preconceito anterior, em sua subjacente pretensão de poder ser consciente de tudo o que pensamos e podemos fazer, há uma extensão dessa ilusão, na verdade uma convicção íntima – como convém a um preconceito – de poder estender esse poder à orientação, quando não ao próprio esclarecimento, e talvez à determinação do próprio pensamento. Trata-se da crença de possuir uma "vontade" capaz de decidir sobre cada ideia que a mente transmite à consciência, seja ela fenomênica ou reflexiva, combinando-se com o já mencionado preconceito-matriz de um "tudo e tão somente consciência": essa "vontade" converte-se na ilusão de que podemos pensar como quisermos, inclusive de aderirmos a normas pré-constituídas (ver a consciência moral), a alguma autoridade suprema e, se nos depararmos com o fato de não ser possível – por meio dessas formas de pensamento – criar algum lampejo benéfico, que possamos ao menos crer na possibilidade de eliminar da mente os pensamentos desagradáveis ("não quero pensar nisso") ou reprováveis. "Espantar os pensamentos negativos", dizia-se até recentemente.

Na Idade Média, em virtude de uma tradição filosófica aliada às principais instituições religiosas, esperava-se a abjuração de pensamentos considerados heréticos.[8] Isso pressupunha que o indivíduo pudesse, inclusive sob ameaça, eliminar de sua mente (aquela coincidente com a consciência, ou melhor, com as palavras que se presumiam especificar o que a consciência ditava, e que operavam a partir do equívoco sobre o termo "consciência") os pensamentos heréticos. Se então, como Galileu, ele os mantivesse em segredo, poder-se-ia inferir que o preconceito revelou sua falácia àqueles que, com mais inteligência, utilizavam a consciência fenomênica. Mas para a esmagadora maioria das pessoas daquele tempo (o que hoje ocorreria em menor grau) e ao longo de séculos, a consciência era delegada a uma autoridade que a prescrevia. Por outro lado, o aspecto caracterizante do preconceito, ou ainda "do coletivo", mostraria o seu verdadeiro significado, subjacente ao termo designado pela palavra "vontade". Vontade consistia em poder e violência, tendo sido durante séculos um instrumento de poder para governar os "ignorantes".[9] A palavras *voluntas*, etimologicamente falando, deriva dos termos "*volo* [do latim:

8 Herético, originalmente, significava "diferente". Como foi que esta palavra se tornou tão execrável? Pretendia-se eliminar uma diversidade? Seria isso, uma vez mais, um *on/off*?

9 Pensemos nas formas pelas quais ocorria a maioria das sucessões entre imperadores romanos (assassinatos) e bizantinos (a prática de enceguecimento), os monarcas medievais, a autoridade religiosa e, por outro lado, o medo da heresia enquanto subversão da ordem ditada pelo poder; a caça aos hereges, considerados criminosos pelo Estado; de outro modo, ou talvez pior, na história do Islã a sucessão do poder e (note-se) do Conhecimento a um único imã (depois "califa") promoveu massacres colossais ao longo de três séculos. Ainda hoje temos os talibãs.

querer] e *vis*", sendo que *vis* significa violência. Em grego não há uma palavra semelhante à latina *voluntas*: que os latinos fossem violentos, *imperium docet* [em tradução literal: o império ensina]. Podemos afirmar, hoje, que o halo semântico da palavra "vontade" carrega o sinal de uma violência praticada contra si mesmo. As palavras servem para exprimir o pensamento; muito frequentemente, servem para ocultá-lo. A consciência parece encontrar sua plenitude nas palavras, mas com elas é possível jogar, fazendo entender e, simultaneamente, negar o que se pretende transmitir: um exemplo claro é a forma como a máfia reafirma sua amizade ao mesmo tempo que faz uma ameaça. A abjuração é a via pela qual o escravo se salva da ameaça e seu dono justifica seu poder e, simultaneamente, afirma que o escravo é também ele como seu dono: livre, desde que dentro de seus domínios.

As questões supramencionadas fazem parte de um problema secular da civilização, que remete à noção do "livre-arbítrio", hoje um conceito debatido no campo das neurociências.[10] Cada indivíduo sente-se livre para decidir, pensar, agir, mas até que ponto nosso sentir testemunha a favor de uma verdade? Ou melhor, testemunha a favor de uma faculdade plena, como a "sentimos"; ou ainda, como podemos nos iludir ao senti-la, numa espécie de engano da consciência reflexiva. Eis o problema da relação mente/consciência. As neurociências têm feito experimentos a esse respeito. Alguns cientistas defendem que esse livre-arbítrio não é de fato livre, mas "arbitrário"; outros afirmam que ele é limitado: teríamos a possibilidade de inibir nossas ações, mas o nosso cérebro "decidiria" sobre tais ações antes de "nós", antes que alguma vontade as tivesse desejado.[11] Em todo caso, na cultura atual, esse nosso velho preconceito segue seu reinado e reforça prevalência consciencial do preconceito anterior. Em suas raízes, podemos entrever o medo: um sentimento, ou melhor, uma

---

10 Wegner, 2003; Imbasciati, 2020.

11 Wegner, 2003; Merciai & Cannella, 2009.

emoção, um "afeto"; medo do imprevisto, do desconhecido, da própria violência, algo transmitido há séculos de mãe para filho já na primeira infância dos pequenos.

Os afetos

O terceiro preconceito, invasivo e sorrateiro, diz respeito à importância e à ação dos afetos, ou melhor, à negação de que os afetos atuem em todas as condutas humanas, sobretudo naquelas em que os seres humanos têm pouca ou nenhuma consciência da ação deles, portanto, sofrem ainda mais sua influência, sem que, no entanto, os percebam. Muitas distinções e diferentes nomes orbitam o termo "afeto", segundo a forma com que a consciência nos faz "senti-lo". Distinguem-se, num amplo espectro da consciência progressiva, as emoções compreendidas ou incompreendidas como se fossem reações do corpo, que podem ou não ser seguidas pela consciência de tê-las ou senti-las recorrentes em determinados momentos e, posteriormente, em outras situações – essas designamos com outros termos. Sentir as emoções e reconhecê-las pode nos levar a alguma consciência de sua origem psíquica, mas frequentemente isso é atribuído ao corpo que, por sua vez, é considerado e vivido como algo cindido da mente, como entidade biológica autônoma diversa do psíquico.

Em uma progressão de consciência, o fato de sentirmos ou não as emoções pode ser incluído no rol das manifestações do indivíduo a que denominamos caráter: trata-se de constatar, estando ou não conscientes, que alguns de nossos afetos nos impelem a agir, inopinadamente, como se *a posteriori* pudéssemos reconhecer tal fenômeno. Por fim, tais eventos da mente assumem um maior nível de consciência, tornando-se "sentimentos": sentidos mais de forma esporádica que constante; se intensos, os atribuímos às "paixões", por vezes avassaladoras, de tal modo a nos impelir a ação. Todas essas diversas denominações confirmam quão matizados, diferenciáveis e distintamente sentidos são os afetos, mais do que negados ou manifestados em nós: ou ainda, o quanto a consciência de determinado indivíduo é capaz de percebê-los ou não, seja antes ou depois de sua assunção. O preconceito opera sobre essa gama de variação dos "afetos", que em sua forma mais intensa suprime do conceito de mente tudo o que se expôs até aqui. O conceito de mente permanece constrito dentro de uma consciência *on/off*, à disposição das palavras que um indivíduo escolhe (quer? deseja?) usar para designá-lo a si mesmo e/ou aos outros, ou pretende eventualmente ocultar, como nas chamadas "advertências", sejam elas boas ou ameaçadoras, manifestas ou tácitas. Especificamente nessa situação, evidente é a intersecção entre o preconceito e o livre-arbítrio, como crença de ter o poder de regular a própria mente.

Na civilização atual, a maioria das pessoas consideram os processos afetivos como meramente mentais, mas em muitos esta afirmação (de consciência) é contrariada, seja por um não sentir individual, seja por uma exclusão teórica, independentemente de terem ou não atribuído esses processos como pertencentes à mente. Poderíamos inferir, para além das discussões racionais, que sempre nutrimos um certo medo perante qualquer abertura (de consciência) aos afetos. O preconceito em questão é afetado pela repercussão de tudo que, no passado, era ditado pela filosofia e pela religião, no sentido de repelir os afetos do conceito de mente: o "espírito", mais associado a uma mente imaterial do que à "carne", confinada em um corpo, por sua vez cindido e autônomo em relação à mente.

Do mais, a etimologia de "afeto" (*ad-ficio*, *affectio*, afecção por alguma doença) diz muito sobre o quanto houve e ainda há uma certa relutância na percepção "destes incômodos" afetos: apenas nos complicam a vida! Complicam se quisermos assumir tão somente uma consciência *on/off* em relação à sua presença, bem como uma *voluntas/vis* a partir da qual poderíamos gerar ou suprimir tais afetos a nosso bel-prazer. Com efeito, se podemos fazer com que a gênese de um pensamento nos pareça voluntária, não podemos mentir sobre a irrupção dos "afetos": eles pululam por toda parte, sem que os esperemos, e, o que é pior, a despeito de nossa vontade! Ora, perante nossa pretensão de controlá-los, reforçada pelos preconceitos consolidados em nossa tradição, ou eles são atribuídos ao corpo – considerado, porém, como algo completamente separado da mente, e assim os rotulamos, à guisa das emoções, como algo meramente corpóreo –, ou os subestimamos de diversas formas na maneira como os sentimos, assumindo-os como um evento mental; ou ainda, podemos simplesmente negar esta classe de "sensações" como algo importante em nossas vidas; e assim concedemos um salvo-conduto a negações cuja confrontação seria desagradável.

Por meio dessas condutas, não fazemos senão apartar o corpo – considerado de outra substância (a carne?) – da mente (o espírito?) e, por vezes, consideramos um corpo passível de "cuidados" (já que a mente, com seus afetos, encontra-se em fúria), diminuindo ou excluindo o pertencimento dos afetos a uma mente que mal reconhecemos como "nossa", visto que "de nós" ela se esconde. A bem da verdade, os chamados afetos sempre envolvem o corpo, mas para muitos é difícil aceitá-lo: para esses estados catalogados no rol das emoções, poucos as consideram estados mentais, a despeito das possíveis cognições produzidas pelo corpo a partir de uma ordem dada pelo cérebro ao sistema endócrino ou, ainda, humoral, após uma "decisão" que aquele cérebro tomou na elaboração, em dado momento, possível a ele a partir de todas as informações que recebeu e recebe (memória). Eis o que pretendo indicar com o termo *bodybrainmind* (Imbasciati, 2020). No que diz respeito aos estados emocionais com alguma inegável consciência, sobretudo quando previstos (na verdade, sempre pré-anunciados por eventos do *soma*), admite-se sua gênese mental, exceção feita às situações que nos geram a ilusão de poder controlá-los.

Esses afetos se prendem (= *afficere* [afetar]) a qualquer outro evento mental, consciente ou não (pensamentos e ações), e tendem a ser expressos, e, portanto, comunicados a despeito do indivíduo: o corpo os exprime pelos olhos (por meio do olhar, mas sobretudo da dilatação da pupila, de forma automática e imperceptível, embora captada pelo cérebro do outro), pela característica do tom de voz, pela prosódia, postura, odor, musculatura global, vísceras, aparelho cardiorrespiratório, e nos casos de sofrimento intenso e oculto, por meio de diversas manifestações duradouras no corpo (a pele em primeiro lugar) atribuídas a causas "orgânicas" nem sempre especificadas, sobrevindas do ambiente externo e alienadas do *self*, geralmente rotuladas como "patologias".

Tais expressões dos afetos conformam uma linguagem única nos primeiros tempos de vida de uma criança: sucessiva e gradualmente irrompe na criança a linguagem dos gestos e, logo, a verbal, mas a linguagem dos afetos (com manifestações universais em todos os povos) permanece, inclusive no adulto. Acredita-se que o adulto possa prescindir dela, mas ela permanece oculta, a despeito de nossa vontade. Alguns estão cientes dela, outros, em maior ou menor grau, desenvolvem uma insensibilidade em sua consciência: fala-se de alexitimia.[12]

Perante a referida variação no surgimento e manifestação dos afetos, muitos autores se preocuparam em cunhar termos distintos para o fenômeno. A esse respeito, Lichtenberg (1995), em contraposição ao conceito freudiano de pulsão (mais eficaz é o nosso termo "*pello*"[13] do que o "*trieb*"),[14] falou de sistemas motivacionais. Posteriormente, os afetos foram atribuídos, ou associados, aos instintos. Isso também reflete uma tentativa de manter uma cisão entre corpo e mente, operação cujo resultado não é senão separar o corpo de cada indivíduo de modo a permitir uma abordagem cindida da própria mente, atribuindo esse corpo à genética da espécie. Com efeito, os sete sistemas

---

12 Recordo como o nível de alexitimia pode estar relacionado à aprendizagem dos afetos primários na recíproca coparticipação e comunicação mãe-filho.

13 Termo latino que significa: expulsar, afastar, impulsionar, repelir, mover, bater, ferir.

14 Em alemão, usado por Freud; *drive* ou *instinct* em inglês; *pulsion* em francês.

motivacionais inatos, descritos minuciosamente (e de forma muito apropriada) por Panksepp (1999) para todos os vertebrados, têm sido mal interpretados devido ao preconceito de que tudo pode ser explicado com o conceito onipresente e onicompreensivo de Natureza, facilmente expurgado pelo conceito de mente, especialmente se entendida como derivação de preconceitos. A bem da verdade, todos os possíveis instintos são predisposições genéticas cujo objetivo é estabelecer no cérebro (por meio da experiência) algumas redes neurais que produzem efeitos comportamentais específicos em determinada espécie, ou seja, na mente responsável por concebê-los. Vemos isso na espécie humana, e, com variações, inclusive nos animais.

O problema da separação mente/corpo, arraigado em nossa cultura, encontra sua mais clara expressão em um preconceito corolário dos anteriores. Vemos isso no âmbito médico, no qual outro corolário fez com que os termos "saúde" e "sanidade" fossem utilizados como sinônimos, apesar de a diferença desses dois conceitos já ter sido instituída (Imbasciati, 2008). Saúde indica o bom funcionamento do ajuste realizado pelo cérebro no corpo após as informações que dele recebe; sanidade, porém, implica a ausência de fatores perturbadores estranhos nesse referido equilíbrio. Usar esse último termo para indicar o primeiro atesta o preconceito por meio do qual se pretende alienar ao exterior aquilo que pertence ao próprio *self*, o que significaria (mas não o queremos saber) a funcionalidade adquirida por um determinado cérebro (o próprio) num tipo de regulação individual do circuito "informações do corpo/elaboração do cérebro/execução da mente sobre o corpo". Outro corolário crivado de preconceito diz respeito à sinonímia de síndrome = doença: exige-se um "diagnóstico", que pressupõe o conhecimento de uma "doença" enquanto patologia, ou seja, entendida como a perturbação de uma suposta "normalidade" natural da mente e do cérebro: desta forma tendemos a não admitir que, para muitas manifestações de sofrimento da mente, a causalidade é inerente às milhões de variações no desenvolvimento das redes neurais do indivíduo, eventualmente produzindo constelações de manifestações mentais sobre as quais a mente médica (Imbasciati, 2008) se debruça para detectar sua recorrência (*syn-dromos*) a fim de poder dar-lhe um nome que se assemelhe ao de uma doença, ou seja, um evento devido a uma causa externa que arruinou a normalidade natural daquela mente. Evita-se assim um confronto com a complexa, e em grande parte desconhecida, gênese do desenvolvimento do cérebro-mente de cada indivíduo que manifesta uma "síndrome". De fato, assim deveria ser comunicado ao paciente. Contudo, ele sequer tem ideia do que se pretende dizer com "síndrome", tampouco sabe o nome – poder do preconceito! – dos eventos interiores que o perturbam, distraindo-o da tradicionalmente estabelecida "mente médica".[15]

No âmbito da saúde, constatamos o quão invasivo é o preconceito, que exclui qualquer pensamento da mente e, portanto, do próprio *self*, tendo em vista os desdobramentos da formulação, ainda no século passado, do conceito conhecido como "psicossomática". Apesar de vários estudos terem progressivamente demonstrado como o corpo é regulado pela mente, entendida como uma expressão funcional do cérebro, a tentativa mais recente (Bottaccioli & Bottaccioli, 2017) de lançar uma "psiconeuroendocrinoimunologia" parece ter sido relegada à letra morta. Em todas as instituições de saúde, prevalece o preconceito segundo o qual "o mal" deve ser sempre encarado como uma falha no corpo devido a uma "patologia" estranha à mente e ao cérebro. A mente, também ela concebida como separada do cérebro, segue sendo a "psique", o espírito, que somente em algumas ocasiões pode ser levada em consideração; mas sem muito êxito, uma vez que o cérebro e seu respectivo processo biológico que resulta na mente não são suficientemente considerados: a chamada psique[16] ainda é encarada em termos

15 Imbasciati, 2008. Disponível no blog 2022, em: www.imbasciati.it.

16 E pensar que o antigo termo *psikè* foi reintroduzido no léxico científico do século XIX justamente para valorizar os aspectos afetivos da mente: a alma, entendida como no mito de Eros e Psique, e não como espírito imaterial infundido por Deus.

espiritualistas, a exemplo dos preconceitos aqui descritos. Pode-se dizer, ainda, que o reducionismo da psicossomática ainda está inculcado na cultura popular, e aí se mantém enquanto constantemente mobilizado pelo espírito da Instituição, expresso em todas as Organizações de saúde.[17]

As organizações reiteram, o tempo todo, ao paciente que uma coisa é o corpo, outra coisa é a mente, e que não se deve pensar muito na mente quando se pretende curar, justamente, o corpo. Escotomiza-se, assim, o fato de que o corpo, com seus diversos sensores distribuídos dentro de cada órgão, informa continuamente o cérebro (o qual não encontra-se somente dentro do crânio) sobre seu próprio funcionamento,[18] para que o cérebro o module numa continuidade igualmente recíproca. A função que o sistema endócrino desempenha numa dependência direta do cérebro é subestimada: o termo "psicossomático" nas instituições de saúde não é entendido como o desejaria a *logia* de Bottaccioli. A partir de cada disfuncionalidade em relação ao que se espera da funcionalidade de todos os corpos, busca-se a "patologia", também ela, porém, concebida não como *logia* de um sofrimento, mas oriunda de causas externas ao sujeito. Pretende-se, de maneira preconceituosa, encontrar a sua causa externa ao indivíduo, ao próprio corpo, e sob nenhuma hipótese em sua psique: basta que seja qualquer coisa de fora, assim como um trauma que irrompe para lesar a matéria do corpo. "O mal vem de fora": eis o axioma, o postulado, ou, ainda, o corolário do corolário que separa o corpo da mente, oriundo, por sua vez, do

17 Jaques, 1970. Elliott Jacques faz uma distinção entre Instituição e Organização. A organização é uma espécie de operação contínua que exprime a existência de uma comunicação negada pela consciência. Tampouco é válido o argumento de que as Organizações tenham departamentos de Psiquiatria, uma vez que uma *iatria* da psique, segundo as Organizações, é praticada apenas no corpo.

18 Reitero a importância do componente aferencial do nervo vago, minuciosamente descrita por Porges (2007).

preconceito generalizado em relação aos afetos. Não há outro objetivo senão banir a angústia que, voluntária ou involuntária, surgiria da constatação de um limite inerente à própria pessoa, como qualidade da própria estrutura interior do pensamento individual, da qual não podemos nos lembrar, visto que está estruturada em suas bases iniciais a partir das experiências que geraram o próprio cérebro (ver o preconceito da memória). Portanto, no âmbito da saúde, persiste a abordagem do corpo, em maior ou menor grau, baseada na antiga distinção de Descartes[19] sobre a *res extenta* em relação à *res* [pensante] imaterial, que seria "*cogitans*" [*res cogitans*].

O argumento supramencionado pode ser elucidado a partir do significado e da função dos preconceitos concernentes aos afetos, identificado pela psicanálise sob uma outra perspectiva, ou seja, no âmbito de cada indivíduo: nos conceitos de defesa e de inconsciente. Mas a psicanálise, a despeito de mais de um século de evolução, não parece, todavia, angariar muita confiança do público em geral; as pessoas se perguntam se a psicanálise funciona.[20] Nessa pergunta está implícita a ideia de que a psicanálise seja uma técnica bem consolidada para todos, a fim de libertá-los de seus tormentos psíquicos, oriundos dos afetos aqui descritos. Como técnica, ela obedeceria aos preconceitos médico-sanitários, e assim cada um pode se sentir tranquilo dentro de sua preconceituosa intimidade. A meu ver, pensar em "resistências" nos termos psicanalíticos é bem pouco producente: responsabiliza a pessoa, amiúde o próprio paciente devido justamente a um preconceito;[21] mais eficaz seria falar nos termos do

19 Descartes formula e opõe estes dois conceitos: a *res cogitans*, literalmente a coisa pensante, seria o sujeito pensante que encontra resistência na *res extenta*, coisa extensa, que seria seu corpo, realidade ou matéria.

20 Veja mais em: www.imbasciati.it.

21 Talvez muitos psicanalistas sofram nesse processo, uma vez que também eles estão suscetíveis aos mesmos preconceitos. E quiçá alguém pensará que pensar equivalha a dizer ao paciente, com a interpretação.

coletivo. O preconceito representa o que uma coletividade (que pode ser vasta como toda a humanidade) condensou em convicções íntimas genéricas, que extraíram sua própria força e evidência da própria coletividade, isentando cada indivíduo de sua responsabilidade. Os preconceitos são, portanto, mais coercivos, embora matizados e confusos em sua agência, todavia palpáveis com palavras adequadas e verificáveis por meio de alguns exemplos, de modo que estão, por essas razões, mais que por argumentos da psicanálise, ao alcance de todos capazes de "raciocinar" sobre as dimensões das condutas humanas que, por sua vez, não são, em absoluto, "racionais". Seria necessário trabalhar em uma espécie de consciência fenomênica, que creio que possa ser hoje respaldada pelas neurociências: por uma consciência fenomênica que aborde o problema dos afetos. Eis, afinal, a direção que estamos tomando com a consciência fenomênica que se vale de instrumentos tecnológicos: os neurocientistas estudam os afetos.

A mente normal: em um cérebro "normal"?

No âmbito da cultura popular persiste a ideia – cuja força ela extrai dos preconceitos supramencionados – de normalidade da mente, desde que o cérebro de uma pessoa seja "normal", e que tudo isso se deva à Natureza, contanto que ela não tenha sido lesada por agentes nocivos alheios a ela. Na verdade, estamos muito conscientes de que a normalidade de uma mente pode ser definida apenas de forma aproximativa, ou seja, desde que alguém não diga coisas flagrantemente insensatas e não empreenda ações despropositadas, desde que o conceito de cérebro normal esteja bem arraigado na cultura corrente e que seja utilizado ao se constatar qualquer desvio microscópico daquela circunscrição de manifestações mentais e comportamentais de uma pessoa que venha a ser considerada "anormal". Uma ideia do julgamento de uma coletividade é inerente a tal concepção, e a respeito disso podemos nos valer de muitos equívocos históricos:

o julgamento de uma mente anormal e, portanto, de um cérebro também anormal, pode de fato ocorrer numa coletividade que, por tradição e hábito, avalia certos eventos como aberrantes, em sua maioria comportamentais, mas também de comunicação do pensamento, que ao fim e ao cabo podem ser geniais ou simplesmente o arauto de intuições frutíferas; em outras palavras, corremos o risco de "tomarmos por loucos" pessoas inovadoras.[22] A avaliação de uma mente anormal, por seu caráter aproximativo, sofre a influência de um julgamento da coletividade que assim a considera. Na base de tudo, há esse caráter aproximativo do que se entende por Natureza, e também aqui opera a concepção de determinada coletividade, com seus hábitos, tradições, religiões etc. Tais fenômenos psicossociais podem então redundar em preconceito propriamente dito, baseado na absoluta convicção de que, a uma mente avaliada como anormal, corresponda um cérebro também anormal. Desse preconceito deriva a tendência de seguir ignorando o que a pesquisa científica já demonstrou: ninguém tem um cérebro igual ao de outro, para além do aspecto macroscópico que caracteriza todos os cérebros da espécie humana. A morfologia macroscópica é igual para todos, mas a micromorfologia e sua respectiva funcionalidade, aquela que produz a mente, são diferentes: *A cada qual o seu cérebro* é o título do texto mais conhecido no meio científico (Ansermet & Magistretti, 2008). A diversidade específica de cada indivíduo está relacionada ao fato de, no cérebro, não haver elementos neurais comparáveis ao que a consciência pretende isolar por meio da introspecção, e seu funcionamento se dá em relação à especificidade das redes neurais – não os neurônios, mas as conexões que produzem eventos mentais –, as quais são distintas para cada indivíduo à medida que se constroem após as experiências (mas sobre o que se entende por experiência

22 Em regimes de impetuosa e totalitária "vis", são tomados por loucos aqueles que reivindicam maiores liberdades e que se rebelam contra a prescrição de um "livre-arbítrio".

intervém o preconceito que a persegue) de cada indivíduo. E assim, com um preconceito nos levando a outro preconceito, parece que temos o aval de conceber o cérebro de forma demasiadamente simplista, como se ele fosse o anjo da guarda da mente.

É a experiência que constrói um cérebro: experiência do cérebro, não experiência da pessoa.

Nota-se, na cultura corrente, o quão difícil é assumir que o cérebro deve aprender, ou melhor, que a aprendizagem passível de ser identificada a nível psíquico, de consciência imediata, introspectiva e/ou de constatação fenomênica de aprender as mais diversas e complexas habilidades (do mover-se ao engatinhar, caminhar, falar, ler, escrever, tocar um instrumento) e as capacidades de raciocinar, memorizar cognições, concatenar, pensar, descobrir, inventar, bem como a própria capacidade de aprender bem deva ter necessariamente um correspondente no cérebro que a produza e a mantenha: e que muitas vezes a necessidade produz um evento subjetivo de consciência que, porém, não é homomórfico ao que se constata na memória a nível neural. Tal dificuldade advém do preconceito por meio do qual acreditamos que tudo que se afigura à mente tenha não apenas um correspondente, mas também uma igual representação no cérebro: no entanto, não há homologabilidade; o que acontece no cérebro não é homologável ao que é passível de ser distinguido no plano mental. Fato é que, para muitas funções detectadas a nível mental, constatou-se eletrofisiologicamente o sinal de ativação em algumas áreas cerebrais, mas isso não significa de fato que o cérebro tenha, por exemplo, centros de memória, centros de motricidade, centros de linguagem[23] ou dos afetos – significa tão somente que aquelas áreas são indispensáveis para tais funções (e sua lesão acarreta um déficit

23 Sim, até a linguagem não possui um centro, como estamos habituados a afirmar: mas pensemos no que pode acontecer no cérebro com a chamada reeducação dos afásicos.

sobre o quanto operam nos eventos mentais), mas nem por isso podemos atribuir como sua a gênese daquelas funções mentais específicas nas quais essas alterações foram detectadas; trata-se somente do fato de que estas áreas são indispensáveis para aquelas funções. Tampouco podemos atribuir, de maneira superficial, os eventos mentais aos neurônios. As funções mentais não podem ser localizáveis em áreas correspondentes do cérebro, e não são pura e simplesmente produzidas pelos "neurônios", mas sim pelas conexões sinápticas que envolvem todo o corpo: as redes neurais. Estas se formam, a começar pelo feto, devido ao fato de que os sensores, que pouco a pouco se formam geneticamente dentro e na superfície corporal, enviam informações (bioelétricas) às diversas estações neuronais (não apenas do cérebro) sobre as variações físicas e bioquímicas do ambiente no qual estão inseridos, e perante as quais apresentam sensibilidade. Estas contínuas e progressivas informações podem (em determinadas condições) produzir cadeias proteicas no núcleo neuronal que, por sua vez, irão estabelecer novas conexões (Alberini, 2013). São as redes neurais as responsáveis por originar funções detectáveis no âmbito mental, não em uma correspondência entre cada rede e cada evento mental, mas sim em conexões múltiplas e, não obstante, variáveis ao longo do tempo. As redes neurais não são formações estáveis, pelo contrário, estão em constante transformação: são formadas, reduzidas ou simplesmente desaparecem, e as novas formações dependem de como funcionaram as anteriores.

À medida que as redes neurais se formam, se expandem e assumem maior complexidade, aumentam as possibilidades de que as informações (aferências bioelétricas) sejam progressivamente "elaboradas", isto é, confrontadas e organizadas entre si nas múltiplas conexões das redes neurais, confrontadas em estações neurais mais centrais nas quais as conexões se multiplicam em brevíssimos espaços (arquitetura celular do cérebro craniano para que seja possível gerar eventos mentais cada vez mais evoluídos). Esse todo responde a um critério de adaptação ao ambiente, como princípio organizador de toda forma de matéria viva. Assim o pequeno ser humano aprende a perceber,[24] primeiro apenas de forma tátil, em seguida mediante a motricidade e, depois, passa a utilizar os aparelhos sensoriais mais complexos e organizados: adquire uma progressiva percepção do mundo que dá a cognição e a memória, e também a possibilidade de recordar! Mais tarde, aprenderá a reconhecer como próprios os afetos que seu cérebro aprendeu e que o guiaram antes da cognição.

Como decorrência do que foi sumariamente exposto até aqui, podemos dizer que o cérebro deve fazer uma progressiva experiência e que esta consiste no quanto, e em que momento da adquirida capacidade da rede neural, o afluxo das aferências poderá ser organizado para gerar novas capacidades e, portanto, novos eventos no plano mental. Contudo, o plano biológico do que o cérebro aprende é totalmente distinto do plano mental: não há homologabilidade entre esses dois planos. Com "experiência", portanto, devemos distinguir como aquilo que uma pessoa pode vivenciar daquilo que o cérebro apreende, a depender de como ele elabora a experiência da pessoa, transformando-a em redes neurais. Numa criança pequena, esta "pessoa" – como entendida por um adulto que vivencia os eventos de vida dotado de uma mente adequada e de um cérebro também adequado – ainda não existe; ela se formará ao longo dos anos em função do que seu cérebro aprender. Mais ainda, a experiência não implica de forma alguma na situação real de um ambiente, no qual e do qual um indivíduo adulto é capaz de perceber.

Isso não é fácil à cultura corrente assimilar, inclusive em seus segmentos mais instruídos. O preconceito nos leva a associar o cérebro à pessoa, e esta ao indivíduo adulto, e a experiência, do mesmo modo,

---

24 Vejamos mais a fundo: a percepção não é produzida pelos respectivos órgãos dos cinco sentidos clássicos: trata-se de uma organização produzida pelo cérebro e pelas redes neurais, conferindo determinada "configuração" às aferências.

à realidade objetiva das situações transcorridas durante a vida. Assim, quando falamos das experiências de um bebê, responsáveis por influenciar o destino do desenvolvimento psíquico da criança e do adulto, geralmente se ignora a efetiva, científica e comprovada realidade biológica. O preconceito que aqui opera em prol dessa reducionista e nefasta ideia corrente não depende da simples ignorância, mas dos preconceitos supramencionados, em particular do primeiro, e sobretudo do segundo preconceito aqui ilustrado. Este último realmente nos obriga – me perdoem a palavra forte – a pensar que qualquer aspecto mental poderá ser corrigido a nosso bel-prazer quando vir a se manifestar.

Nesta sequência de ideias irracionais e, não obstante, tenazes, cria-se uma certa desconsideração para com todas as perspectivas de saúde que recorrem ao psíquico. Isso sem falar da chamada consciência, da qual ignoram suas múltiplas e diversas variações.

A percepção

No uso corrente, e em muitas línguas, "percepção" e "perceber" são palavras usadas em duas acepções distintas, o que implica dois conceitos distintos (e seus respectivos eventos mentais) criando-se, enfim, uma certa confusão à qual se juntam diversos preconceitos. Perceber pode de fato fazer referência a algo que participa da nossa subjetividade com um efeito consciente pleno, que nos confere o sentido de que o percebido constitui uma realidade concreta, seja em nosso entorno, seja dentro de nosso corpo. Segundo um preconceito há muito consolidado, consideramos esse evento como resultado automático e "natural" devido ao fato de possuirmos aparelhos sensoriais específicos: os chamados cinco sentidos (visão, audição, tato, olfato e paladar), aos quais se soma e, ao mesmo tempo, se distingue, a sensibilidade vestibular ou espacial, a sensibilidade térmica, dolente, motora, visceral etc. Contudo, "perceber" tem ainda uma outra acepção: significa intuir, entender, atinar-se para algo menos definível[25] mas ainda assim presente em nós que nos permite entender; e assim falamos de "uma percepção" associando-a a alguma intuição sobre nós mesmos ou, mais frequentemente, em relação aos outros, sobre algo que sentimos, mas completamente distinto daquilo que os "sentidos" nos oferecem: amiúde ela é associada a uma capacidade afetiva que nos permite chegar a uma compreensão da mente alheia nas relações interpessoais. Em sua primeira acepção, a percepção foi amplamente estudada pela Psicologia Experimental, ao passo que a segunda foi objeto de estudo da Psicologia Clínica, da Psicanálise e da Psicologia Social.

Nos seres humanos, a percepção visual parece mais pregnante e "realista": o mundo é como o vemos. Temos essa confirmação pelo fato de que, dentro de nós, permanece "na memória" a capacidade de nos lembrarmos do conjunto dessa percepção, bem como de nos movimentarmos e nos regularmos de acordo com o ambiente em que estamos. Eis a pedra angular do princípio geral da adaptação em qualquer forma de vida. A percepção visual é, além disso, enriquecida e confirmada pela concordância com as demais formas de sensorialidade. Daí advém a ideia de que nós temos uma espécie de acervo de filmes: é assim que a memória se parece a nós. Se pensarmos em como e onde ela se encontra, pensaremos inevitavelmente em uma câmera com um arquivo: contribui para isso o preconceito de que a mente corresponde ao que a consciência nos mostra. Contudo, deparamo-nos então com questões sobre o porquê deste arquivo muitas vezes funcionar independentemente de como gostaríamos, nem sempre funcionando no sentido de nos dar um resultado e dando-nos resultados diferentes daqueles que estávamos convencidos de "ter na memória"; ou ainda, nossa memória é alterada em relação ao que outras testemunhas de um evento podem recordar de forma

25 Em contraste com sua raiz etimológica: *per-capio*.

mais fidedigna. Logo, partimos em busca de explicações. Munidos de outros preconceitos, pensamos nessa memória como se fosse um órgão que foi lesado, falamos então de memória traumática, evitando, porém, nos questionarmos sobre onde e como isso que metaforicamente consideramos um órgão se situa (no cérebro?), tampouco nos questionamos sobre seu funcionamento. E assim permanecemos no plano da consciência *on/off*, segundo o qual, se pensarmos no cérebro, intervém o preconceito que nos faz crer em uma homologabilidade entre os eventos mentais e as hipotéticas áreas cerebrais responsáveis – ignorando como – que constamos em nossa Consciência.

Mas e o outro tipo de percepção-intuição? No âmbito da cultura corrente, não se questiona como, de forma precisa, os afetos se formam e atuam, mas mesmo no âmbito científico tal questão ainda é objeto de estudos. Visto que os afetos – sobretudo na relação mãe/filho – são muito relevantes, e dada a importância das aferências táteis, térmicas, motoras (e visuais óculo-motoras e pupilares), como esses afetos clinicamente constatados se formam a partir das aferências que, sabemos, são importantes para o recém-nascido? Em que consiste esse "vestígio" no cérebro e como ele atua em relação ao percebido? Os afetos se destinam à comunicação interpessoal, para além de qualquer linguagem: mas nessa comunicação, o que é que se percebe e eventualmente se transmite? E por meio de quais canais físico-sensoriais se estabelece um mínimo de compreensão interpessoal? Com que consciência? Distingue-se a consciência "fenomênica" da "reflexiva", mas nesse caso a distinção entre uma e outra de pouco nos serve, ou nos serve apenas para fundar uma separação entre a cognição e o que dá origem à afetividade. Se a primeira é confirmada pela eficácia da adaptação, bem como da experimentação, em relação à segunda nos esbarramos contra a opacidade da consciência reflexiva, própria e alheia. Os preconceitos parecem assim condenar a afetividade ao ostracismo. Na cultura corrente, mediante o primeiro e o segundo preconceito renuncia-se a uma indagação de cunho pessoal, relegando a tarefa aos "cientistas", os quais – sobrevém aqui outro preconceito moderno – saberão encontrar a técnica precisa para descobrir tudo: "não quero pensar nisso".[26]

Voltando à percepção na consciência fenomênica, ela não é, como sugeririam os preconceitos, o efeito direto dessas câmeras cinematográficas situadas em órgãos específicos. Na verdade, nós não temos "órgãos" no sentido estrito do termo: em todo o corpo, sobre sua superfície, mas mais ainda dentro de nós, em cada parte, órgão, humor ou célula, miríades de sensores distintamente sensíveis a todas as variações contempladas pela física enviam sem cessar impulsos bioelétricos e/ou bioquímicos aos diversos núcleos (gânglios) neurais e, por fim, ao cérebro craniano. Em cada estação de nosso sistema nervoso instaura-se uma progressiva organização do que se recebe dos sensores, algo que depende das infinitas conexões ao longo das redes sinápticas distribuídas em todo o corpo. O ápice dessa organização encontra-se no cérebro craniano, graças à arquitetura neuronal. O efeito de toda essa atividade resulta no que, mais precisamente, foi denominado e estudado como percepção, constatada pelo indivíduo na própria capacidade e no momento de consciência fenomênica. Portanto, a percepção não pode ser atribuída a uma transmissão fotográfica "natural" dos "órgãos dos sentidos" à mente, mas como resultado final na mente consciente de um trabalho complexo das redes neurais e do cérebro sobre as aferências que chegam dos diversos sensores. É algo notável que a atividade neural, após a recepção que advém do corpo, altera inclusive a própria estrutura, as próprias conexões, as próprias redes, de forma constante, a despeito da estabilidade da percepção produzida em nossa consciência fenomênica: é

26 Considero este o preconceito mais perigoso: remete-se ao hábito predominante da tecnologia digital o sentimento que deveria acompanhar o *seeking* (Panksepp, 1999), a "curiosidade", e que reduz a necessidade natural relacionada à satisfação pessoal do "curto/não curto"; todo o resto se relega aos preconceitos.

este o aspecto que se compara com o que denominamos memória, e que ainda hoje merece ser objeto de mais estudos.

Uma questão que a progressiva sucessão contínua dos eventos neurais nos coloca diz respeito ao que acontece nos primeiros momentos da vida: no feto, no recém-nascido, nos primeiros dezoito meses da criança.[27] O que ela percebe? A clínica e os experimentos científicos afirmam que algo é percebido progressivamente, mas não especifica com que precisão, constância, repetibilidade e reconhecimento da realidade que já demonstraram na percepção mais adulta; e não com a prevalência do efeito visual que caracterizará a consciência fenomênica dos adultos. Mas, sobretudo, a clínica nos diz que os primeiros eventos da vida são determinantes para a formação dos afetos que, posteriormente, quando adultos, ajudarão a guiar o destino de um indivíduo. E então devemos nos questionar: a partir de que percepções os afetos se desenvolvem? A importância das aferências táteis, térmicas e motoras já está comprovada, mas ainda assim permanece a questão sobre como todas elas, e a subsequente aferência visual, tenham sido passíveis de uma organização (elaboração?); e como esta última é assimilada à memória, de maneira progressiva, em conjuntos diversos e sucessivos, uma vez que a estrutura organizacional (as redes, os conectomas) está em curso, de modo tal a formar uma estrutura afetiva? Com qual consciência, de quais percepções? E com que memória? O que a amnésia infantil é capaz de elucidar? Tão somente a "questão da memória"? Mas como é possível separar uma memória da percepção daquilo que se memoriza!? Ainda mais considerando que a memorização no cérebro não é similar ao que se percebe no plano da subjetividade. O que uma criança de três ou quatro anos é capaz de memorizar? Se não memoriza, como

27 Reitero, como especificada – I,2; I,3 –, a alteração progressiva da percepção no mesmo indivíduo, do feto ao recém-nascido, e depois com dois meses, três meses, e assim sucessivamente, em constante progressão. [NRT: Possivelmente, "I,2; I,3" refere-se aos dois ou três meses do infante.]

é que ficam os vestígios do que constatamos como afetos? Se ainda não havia sido instaurada uma organização perceptiva, o que seria responsável por deixar vestígios do que chamamos afetos, e de cuja presença a clínica nos diz ser fundamental para o desenvolvimento integral da criança? Nasceriam daqui as dificuldades da consciência reflexiva? Ou nasceria daqui a sua diferenciação de uma consciência fenomênica, ainda inviável, uma vez que não se dispõe de uma percepção suficientemente organizada a ponto de permitir reconhecer nosso interior do "mundo" que é percebido; dando origem ao princípio vital da adaptação a partir do qual se desencadeia a escala da evolução da Vida.

A memória

Na órbita semântica do que se pretende dizer com esse termo se condensam todos os preconceitos supramencionados: a chave para identificá-los é o uso indistinto de dois termos, "memória" e "recordação," como sinônimos, isto é, a confusão entre dois conceitos que deveriam indicar, no primeiro caso, a potencialidade de nossa mente usufruir a experiência adquirida, logo, de tudo que o cérebro depositou na memória, e, no segundo, o momento no qual a nossa função-consciência vem nos presentificar algo do que foi adquirido. Em outras palavras, o primeiro conceito deveria nos remeter ao que é a mente e o que a produz – princípio geral da adaptação ao ambiente por parte da matéria viva que encontra no cérebro humano seu ápice evolucionista – e o segundo ao porquê e como, e a por que somente às vezes se detecta um efeito no nível de consciência que se afigura à nossa mente. Este segundo conceito deve ser considerado, portanto, como um efeito da funcionalidade do primeiro. A sinonímia dos dois conceitos nas palavras usadas indiscriminadamente, ou seja, memória = recordação, além de se manifestar em quase todos os níveis de nossa cultura, parece expressar-se no ordenamento linguístico de muitas línguas europeias. É possível vislumbrar uma nuance de alguma distinção no alemão e no inglês, línguas nas quais, reitera-se, a recordação é designada com o particípio presente de um verbo (*erinnerung, remembering*), e, portanto, exprime a ideia de que a lembrança é um efeito da ação (verbo ativo) em virtude de alguma capacidade do indivíduo que deveria referir-se ao que, de forma distinta, indica-se com um substantivo no conceito de memória (*memory, gedachtnis*). Mas na prática, embora as duas expressões, distintas, designem conceitos diferente, são usadas como sinônimas. Nas línguas latinas tal sinonímia é ainda mais evidente: vinculada ao fato de que se usam dois substantivos (memória/recordação, como seus correspondentes em francês e espanhol) e não há sequer vestígio do uso de um verbo[28] que deveria exprimir o efeito de um agente, diferenciado pelo respectivo efeito que pode produzir quando entra em operação; exceção feita a um uso obsoleto do infinitivo substantivado, "o recordar".

O uso atual da linguagem em nossa cultura condensa aqui todos os preconceitos supramencionados:

1. que a mente é toda e tão somente consciência;
2. que se temos algo na mente, deveríamos poder recordá-lo, uma vez que teríamos um poder (vontade) de pensar corretamente e de nos exprimir como desejamos;
3. que os afetos pouco contam e, portanto, não dizem respeito à memória;
4. que a mente tem uma relação com o cérebro ditada pela natureza, e que há, portanto, uma homologabilidade entre o que constatamos na mente e o que ocorre no cérebro, e que, consequentemente, pouca importância tem a forma como a mente depende do cérebro, sendo este último primorosamente individual; e

28 Em francês o verbo é reflexivo e o agente parece dissociado da ação que se concretiza, como se fosse uma entidade estranha: espírito? Eis o mito de Mnemosine.

5. que a memória é uma espécie de registro (ver "percepção") da realidade e, portanto, uma espécie de gaveta, arquivo das experiências, e que estas consistem na realidade que percebemos e registramos na vida, sem nenhuma relação com a "maneira" pela qual o próprio cérebro as transformou para "inseri-las na memória". Em essência, nega-se o fato de que o nosso recordar é um dos efeitos da funcionalidade de "um" cérebro, a depender de como ele opera alguma consciência que produz a recordação.

A equivalência memória/recordação revela a convergência de todos os preconceitos anteriores e o confronto deles entre si, gerando perguntas cuja tentativa de resposta mantém ora um, ora outro: se a mente é o que constatamos na consciência (primeiro preconceito), quando não me recordo de algum fato, alguma parte da mente teria desaparecido? Mas então, por que a recordação pode ser evocada? Se tento recordar, ela retorna? Sim (segundo preconceito), mas às vezes não, pois muitas vezes recordamos de forma inesperada e involuntária. Por que ora sim, ora não? Se existe: onde é? Na mente? Em qual mente? No cérebro, mas onde? O que o cérebro faz? Deveria ser normal. Faltaria a nós um pouco de consciência? E o que é a consciência, de onde ela vem? Mais ainda: O que acontece quando recordamos de forma aproximativa, vacilante, ou quando recordamos hoje de um modo diverso do que o fazíamos há dois meses? Se a memória se encontra no cérebro, por que ele não funciona como funcionava antes? Teria se equivocado? O que aconteceu é normal? A mente foi lesada? E porque tenho certeza de recordar com bastante precisão como se realiza determinada ação com suficiente habilidade, e, no entanto, chegado o momento da performance, a memória se esvai!? O que quer dizer "esquecer"?

Uma vez mais, convém nos questionarmos sobre o que é a memória dos afetos, e por que não retemos na memória os fatos ocorridos em nossos primeiros momentos de nossas vidas: seria algo que depende do tipo de percepção, como já mencionado? De uma percepção que a percepção, no sentido estrito, ainda não tínhamos: não era configurável em sensorialidades específicas, ou seja, organizadas como em um adulto, não somente em formas não verbalizáveis, mas também "configuráveis". Mas o vestígio dela permanece, naqueles aspectos da mente que regulam o comportamento, as condutas, enfim, no que denominamos caráter.

No supramencionado emaranhado de perguntas – que me perdoe o leitor – parece persistir o preconceito da homogabilidade entre aquilo que nos afigura à mente e o que ocorreria no cérebro: a memória permanece então como algo que, se está na memória, ou seja, no cérebro, deveria ter sua contraparte de consciência na mente. Ou ainda, evitamos considerar a heterogeneidade[29] do funcionamento do cérebro em relação ao que ele produz na mente; se há algo no cérebro, isso "deveria" ser sempre recordado, de acordo com a sinonímia no uso do conceito de memória e no que diz respeito aos efeitos de como o cérebro funciona. Esse conjunto de preconceitos favorece sobremaneira a permanência do desconhecimento sobre o que as neurociências descobriram há algumas décadas.[30] A memória é o cérebro, o cérebro é todo memória. Mas é necessário distinguir o nosso "aparelho-memória", feito de redes neurais em inevitável transformação, dos efeitos mutáveis e pouco previsíveis que se produzem em nossa mente. Do contrário, não nos resta outra alternativa senão confiar no "espírito", ou em muitos espíritos.

E nos preconceitos, que minguam nosso desejo de conhecer. Poderíamos dizer que, deste modo, a memória permanece sendo uma gaveta mágica de recordações. Se evitamos conhecer como nasce e

---

29 Muito frequentemente, perante uma tentação irresistível, chancelada por mais de um preconceito, sublinhou-se que o que acontece no cérebro está longe de ser homomorfo em relação ao que é vivido na mente: no cérebro, conexões e redes neurais; na mente, "formas" sensoriais.

30 A maioria dos psicólogos que desejam se atualizar sobre as neurociências se lançam em busca de livros, sem prestar atenção à data de sua publicação.

trabalha cada cérebro fazendo experiências (quinto preconceito), e se evitamos a complexa autoconstrução de "um" cérebro com "seu" desenvolvimento individual, poderíamos então representar a "recordação" com uma metáfora: como uma peça de teatro na qual um desconhecido diretor apresenta, de forma um tanto quanto caprichosa, diversas cenas que, no entanto, parecem totalmente desconectadas entre si. O desconhecido diretor é a própria consciência, considerada neurologicamente, e que ainda busca descobrir exatamente como ela mesma trabalha (Gazzaniga, 2018).

Referências

Alberini, C. (2013). *Memory reconsolidation*. In C. M. Alberini, S. A. Johnson, X. Ye. *Memory reconsolidation: lingering consolidation and the dynamic memory trace*. Elsevier. 71-117.

Ansermet, F., & Magistretti, P. (2008). *A ciascuno il suo cervello*. Bollati Boringhieri.

Bottaccioli, F., & Bottaccioli, A. (2017). *Psiconeuroendocrinoimmunologia e scienza della cura integrata*. Edra.

Gazzaniga, M. (2018). *La coscienza è un istinto*. Raffaello Cortina Editore.

Imbasciati, A. (1989). *La consapevolezza*. Edizioni Borla.

Imbasciati, A. (2008). *La mente medica*. Springer.

Imbasciati, A. (2020). *Bodybrainmind: sette lezioni per una neuropsiconalisi*. Mimesis.

Jaques, E. (1970). *Lavoro, creatività e giustizia sociale*. Heinemann, Londres.

Lichtenberg, J. D. (1995). *Psicoanalisi e sistemi motivazionali*. Raffaello Cortina Editore, Milão.

Liotti, G. (1994). *La dimensione interpersonale della coscienza*. Carocci Editore.

Liotti, G. (2004). *Le opere della coscienza.* Carocci Editore.

Merciai, S. & Cannella, B. (2009). *La psicoanalisi nelle terre di confine.* Raffaello Cortina Editore.

Panksepp, J. (1999). *Affective neuroscience.* Oxford University Press, 1998.

Porges, S. (2014). *La teoria polivagale.* Giovanni Fioriti Editore.

Verdi, G. (1867). *Don Carlos.* In Atto II, Scena IV. [Opera in quattro atti].

Wegner, D. M. (2003). The best trick: how we experience conscious will. *Trends in cognitive science, 7*(2), 66-69.